– als kleine Anregung
meiner „Überlinger Tage"

Ulrike
12/07

HEYNE KOCHBÜCHER

HANNO CIPER

Schlank für immer

Vernünftig abnehmen mit Genuß

Mit Kalorien- und Nährwertangaben
und einem kleinen Fastenführer

WILHELM HEYNE VERLAG
MÜNCHEN

HEYNE-KOCHBUCH
Band 07/4703

Umwelthinweis:
Dieses Buch wurde auf
chlor- und säurefreiem Papier gedruckt.

Printed in Germany 1997
Umschlaggestaltung: Atelier Ingrid Schütz, München
Umschlagfoto: Studio l'Eveque Harry Bischof
Satz: Schaber Satz- und Datentechnik, Wels
Druck und Bindung: RMO-Druck, München

ISBN 3-453-12546-0

Inhalt

Wichtige Hinweise

Die Diätanweisungen, Rezepte und Vorschläge des Verfassers beruhen auf langjähriger Erfahrung als Küchenmeister und diätetisch geschulter Koch. Sie sollen aber auf keinen Fall die Anweisungen des behandelnden Arztes unterlaufen. Die medizinische Forschung gewinnt immer neue Erkenntnisse. Thesen von heute können sehr schnell veraltet sein. Auch werden zu Einzelfragen selbst von namhaften Wissenschaftlern abweichende Meinungen vertreten. Deshalb arbeiten Sie eng mit Ihrem Arzt zusammen und versuchen Sie, Ihre Kenntnisse über Ihre Erkrankung stets auf dem neuesten Stand zu halten.
Die Rezepte und Ratschläge in diesem Buch sind vom Autor sorgfältig erwogen und geprüft worden. Trotz gewissenhafter Bearbeitung des Manuskripts und sorgfältiger Herstellung dieses Buches lassen sich Fehler nie mit letzter Sicherheit ausschließen. Nach geltender Rechtsprechung muß jede Haftung für Folgen, die sich daraus ergeben könnten, sowohl für den Verfasser als auch für den Verlag abgelehnt werden. Im Zweifelsfall sollten Sie auf jeden Fall Ihren Arzt zu Rate ziehen.

Der Autor

Hanno Ciper, am 9. 7. 1949 in Wuppertal als Sohn eines Konditormeisters geboren, entschied sich schon in jungen Jahren für den Kochberuf. Nach der Lehre in Freiburg und einigen Gesellenjahren im In- und Ausland legte er mit 24 Jahren seine Meisterprüfung ab und kam dann als Küchenleiter in die Birkle-Klinik. 1975 absolvierte er die Ausbildung zum diätetisch geschulten Koch, um in der Klinik Diätberatung und Ernährungsvorträge halten zu können.

Durch die erfolgreiche Teilnahme an zahlreichen Wettbewerben hat er sich auch überregional einen Namen gemacht, beginnend mit der Goldmedaille bei der Internationalen Kochkunstausstellung 1968 in Frankfurt sowie durch den Gewinn des Diät-Cups 1988 und das »Gläserne Halstuch« 1991.

Vorwort des Verfassers

Viele Menschen sind in Ernährungsfragen ziemlich hilflos und werden durch viele widersprüchliche Aussagen von Medizinern, Ernährungsphysiologen und sogenannten Diätfachleuten völlig verwirrt. Man weiß heute sicher, daß viele Krankheiten des Stoffwechsels ernährungsbedingt sind bzw. durch falsche Lebensweise hervorgerufen werden.
In unserer Klinik habe ich mit sehr vielen Menschen zu tun, die durch Veränderung ihrer Gesamtsituation – mehr Bewegung, gesunde Ernährung, Gewichtsreduktion und nicht zuletzt Einschränkung des Rauchens und des Alkoholkonsums – ihre verschiedensten Krankheitsformen gebessert, wenn nicht sogar geheilt haben.

In Deutschland sind nach Schätzungen ca. 20–25 % der Bevölkerung übergewichtig, mit der Folge einer starken Zunahme von Herz-Kreislauf-Erkrankungen, Bluthochdruck, Arteriosklerose mit vorhergehenden Fettstoffwechselstörungen, Diabetes und Gicht.
Ebenso eine Folge sind Verschleißerscheinungen der Gelenke und der Wirbelsäule sowie Bandscheibenschäden, bedingt durch den starken Druck des Übergewichts auf die entsprechenden Teile.

Ich verkenne durchaus nicht die Schwierigkeiten, die Übergewichtige haben, eine dauerhafte Gewichtsreduktion zu erzielen. Ganz klar möchte ich aber hier einmal zum Ausdruck bringen, daß es keine Wunderpille bzw. -diät gibt, die dauerhaft Abhilfe schafft.
In der Werbung wird oft suggeriert, daß mit Einnahme diverser Präparate bzw. durch Spezialdiäten eine Gewichtsabnahme von 4–8 kg in zwei Wochen spielend leicht geschafft wird.

Sicherlich stimmt das in einigen Fällen, aber jeder stark übergewichtige Mensch wird in den ersten zwei Wochen seines »Fastenlebens« stark abnehmen, weil der Körper entwässert. Der Abbau von Fettzellen beginnt viel später, ist sehr langwierig und mit viel Geduld und Mühe verbunden.
Das Abnehmen ist zwangsläufig bei vielen dieser einseitigen, langweiligen und oftmals langfristig für den Körper schädlichen Abnahmediäten zum Scheitern verurteilt!
Abnehmen fängt nicht im Magen, sondern im Kopf an!

Man muß sich psychisch mit dem Abnehmen beschäftigen, muß bereit sein, sich auf Wochen und Monate damit auseinanderzusetzen und sich eine positive Einstellung schaffen. Es darf kein Zwang von außen, sei es von der Familie, von Freunden oder vom betreuenden Arzt eine Rolle spielen. Nein, es muß die innere Bereitschaft da sein, an sich zu arbeiten und die Erkenntnis, sich selbst etwas Gutes zu tun.
Wenn Sie dazu bereit sind, wenden wir uns der Ernährung zu.
Wichtig bei unserer Ernährung soll nun der Grundsatz sein, sie abwechslungsreich, farbenfroh und appetitlich zu gestalten und sie muß den modernen, ernährungsphysiologischen Grundsätzen entsprechen. Das bedeutet eine Kost, die knapp an hochwertigen pflanzlichen Fetten ist, ausreichend, aber nicht zuviel Eiweiß und genügend Kohlenhydrate enthält. Wichtig ist auch ein ausreichender Anteil an Ballaststoffen (unverdauliche Faserstoffe), Vitaminen, Mineralstoffen und Spurenelementen.
Um das Gewünschte zu erreichen, bedarf es einer ausgewogenen, vollwertigen, reduzierten Mischkost.

Als Einstieg in diese reduzierte Mischkost, die im Buch nachstehend noch ausführlich erläutert wird, habe ich das Heilfasten gewählt, dem ein ganzes Kapitel gewidmet ist. Mir ist völlig klar, daß das Heilfasten zu den umstrittenen Abnahmemethoden gehört, bin aber der Meinung, daß es auch viele positive Aspekte beinhaltet.

Durch Gespräche mit vielen Fastern glaube ich behaupten zu können, daß bedingt durch eine »Magenschrumpfung« während des Fastens ein Einstieg in eine vollwertige Reduktionskost leichter fällt.
Viele Patienten unserer Klinik, die eine 800- bzw. 1200-kcal-Reduktionskost verschrieben bekamen, leiden einige Zeit unter starken Hungergefühlen und haben oftmals Probleme, mit der Umstellung fertig zu werden.
Faster haben sich nach zwei bis drei Tagen auf das Fasten eingestellt und, bedingt durch die große Flüssigkeitsaufnahme, keine Hungergefühle. Nach der Fastentherapie mit den durchgeführten Aufbautagen erscheinen dann 800 kcal sehr viel und man kommt sehr gut damit zurecht.

Nicht zu unterschätzen ist bei der Gewichtsreduktion auch die zugeführte Flüssigkeitsmenge. Wir machen in unserer Klinik immer wieder die Erfahrung, daß die Patienten zu wenig trinken. Argumente wie »keinen Durst«, »keine Zeit«, »ich denke nicht daran« bekommt man immer wieder zu hören. Für die Abläufe in unserem Körper ist Wasser als Transport- und Spülmittel aber unabdingbar. Die Mindestmenge pro Tag beträgt 1,5 Liter, darf aber ohne Probleme auf 2–3 Liter täglich gesteigert werden, wobei es selbstverständlich ist, bei einer Gewichtsreduktion nur kalorienfreie Getränke zu wählen (Mineralwasser, Tee).

Sie sehen, es erscheint vieles, was Sie jetzt lernen werden bzw. ändern wollen, am Anfang mühsam. Es ist ein oft sicherlich langwieriger und bei manchen auch schmerzhafter Lernprozeß, weil man ja auf viele liebgewordene Gewohnheiten verzichten muß. Aber mit der richtigen Einstellung, mit dem festen Willen, sich positiv zu beeinflussen, werden Sie es schaffen.

Und dazu wünsche ich Ihnen viel Erfolg

Ihr Hanno Ciper

Übergewicht – Schicksal?

Fragen und Antworten zum Thema Übergewicht und Gewichtsreduktion.

Wie entsteht Übergewicht?

Übergewicht entsteht, wenn wir dem Körper mehr Nahrung zuführen, als er benötigt. Die Energie (Kalorien), die wir unserem Körper zuführen, hängt von verschiedenen Faktoren ab: Geschlecht, Größe, tägliche Arbeit und Bewegung bestimmen den Leistungsbedarf. Dazu kommt der Grundbedarf an Energie, den jeder Mensch benötigt durch Organtätigkeit, Wärmeverbrauch, Wachstum und Erneuerung. Leistungs- und Grundumsatz zusammen ergeben den Gesamtumsatz.
Daraus resultiert ein Kalorienbedarf zwischen 1500 und 2500 kcal, wobei Schwerarbeiter und Hochleistungssportler ohne weiteres 3000 und mehr Kalorien benötigen.
Übergewicht entwickelt sich oft sehr langsam und wird lange nicht bemerkt, weil wir uns nicht regelmäßig wiegen. Schon 100 kcal zuviel am Tag werden vom Körper in Fettgewebe umgesetzt und bringen pro Jahr ca. 5 kg mehr an Körpergewicht (ca. 6000 kcal = 1 kg Fettgewebe).

Was bezeichnet man als Übergewicht?

Zur Ermittlung des Normal- und Idealgewichtes sind eine Reihe von Berechnungsformeln aufgestellt worden, wobei die

von Broca entwickelte recht beliebt ist, weil sie sehr einfach in der Anwendung ist.
Sie lautet:

Körpergröße in cm –100 = Normalgewicht –10–15 % = Idealgewicht

Beispiel bei einer 1,70 m großen Person:

	170 cm
	–100 cm
Normalgewicht	70 kg
–10 % =	7 kg
Idealgewicht	63 kg

Dieser Wert ist natürlich nur ein vager Anhaltspunkt. Heute spricht man mehr vom Wunsch- bzw. Wohlfühlgewicht, obwohl das zu erheblichen Mißverständnissen führen kann, denn es soll ja Menschen geben, die sich bei 120 kg Körpergewicht auch noch sehr wohl fühlen.
Ich bin der Meinung, bei einer Größe von 170 cm ist ein Gewicht von 60 kg (leichtes Untergewicht, z. B. bei Frauen mit sehr schlankem Körperbau) bis zu 75 kg (leichtes Übergewicht) sicher tolerierbar.
Ausnahme: Sollten medizinische Gründe internistischer oder orthopädischer Art dagegen sprechen, ist das Wunschgewicht unbedingt mit dem Arzt zusammen festzulegen.

Wenn Sie mehr Kilogramm auf die Waage bringen als oben berechnet, haben Sie Übergewicht, und es ist im Interesse Ihrer Gesundheit, wenn Sie dieses umgehend reduzieren.

Ist die Anlage zu Übergewicht erbbar?

Es scheint nach dem neusten Stand der Wissenschaft möglich zu sein, daß übergewichtige Eltern ihren Kindern ein Übermaß an Fettzellen vererben, so wie man genetisch bedingt Stoffwechselerkrankungen, wahrscheinlich sogar Krebserkrankungen erben kann.

Ist Übergewicht ein Erziehungsproblem?

Bei Untersuchungen wurde festgestellt, daß Erwachsene mit Gewichtsproblemen oft übergewichtige Kinder haben.
Kinder verfügen von Geburt an über ein gut ausgeprägtes Sättigungsgefühl und merken sehr schnell, wenn sie genug Nahrung aufgenommen haben. Durch Fehlverhalten der Erwachsenen kann sich das aber sehr schnell ins Gegenteil verkehren.
Da werden die Teller überladen mit einem schweren, oft allzu üppigen, fetten Essen und die Kinder werden gezwungen, den Teller leer zu essen mit dem Argument »Du sollst ja einmal groß und stark werden!«.
Da werden Kinder für Wohlverhalten belohnt mit Süßigkeiten, Eis, Schokolade etc.
Da werden zu süße, kalorienreiche Getränke verabreicht und vieles mehr.
Durch dieses Verhalten werden die Kinder schon sehr früh zum »Fresser« erzogen und man braucht sich nicht zu wundern, wenn diese dann später ihre Gewichtsprobleme nicht in den Griff bekommen.

Spielt der Knochenbau eine Rolle bzw. kann Übergewicht auch krankheitsbedingt sein?

Ein Mensch mit einem gedrungenen Körperbau und einer stark ausgeprägten Muskulatur bringt sicherlich ein paar Pfunde mehr auf die Waage, aber das sind weit weniger, als man im allgemeinen annimmt!
Ein Blick in den Spiegel zeigt jedem sehr schnell, ob man diverse Fettpolster am Körper verteilt hat oder ob es wirklich Muskelpakete und starke Knochen sind.

Sicherlich gibt es auch Erkrankungen, die Übergewicht verursachen wie z. B. Drüsenerkrankungen und Ödeme. Auch gibt es Medikamente, die den Körper aufschwemmen bzw. eine ungeheure Eßlust entfachen.
Diese Fälle sind aber sehr selten und man kann sie ärztlicherseits sehr schnell abklären.

Essen, um Probleme zu verdrängen?

Viele Übergewichtige essen in Situationen, in denen normalgewichtige Menschen niemals essen würden. Überprüfen Sie sich selbst. In welchen Situationen essen Sie? Haben Sie wirklich Hunger? Könnten Sie sich nicht auch anders beschäftigen?
Hier ist es erforderlich, die Gründe für ein vorhandenes Übergewicht zu suchen und dauerhaft zu beseitigen.

Gründe, um zu essen:

- Weil ich so gerne esse (schlemme), mit Freunden zusammensitze, feiere: Man kann diesen Grund akzeptieren, aber ist es erforderlich, immer große Mengen und Kalorienbomben zu vertilgen? Gibt es nicht auch andere Leckereien, die nicht so fett und üppig zubereitet werden?

- Im Gasthaus, Restaurant oder in der Kantine:
  Wer kennt nicht den Spruch: »Lieber den Magen verrenken als dem Wirt etwas schenken.«
  Ist so ein Eßverhalten wirklich sinnvoll? Tun Sie Ihrem Körper wirklich einen Gefallen?

- Mein Körper verlangt nach Nahrung, sonst bin ich nicht leistungsfähig! Das ist richtig! Muß es aber immer übertrieben werden? Glauben Sie mir, Ihr Körper kommt mit viel weniger Nahrung aus als Sie denken (siehe Gewichtskontrolle). Wichtig ist es für Ihren Körper, daß Sie genügend Flüssigkeit zu sich nehmen, daß ausreichend durchgespült wird. 1 ½ bis 2 Liter Flüssigkeit am Tag wären sinnvoll. Natürlich kalorienarme Getränke auswählen, Tee, Mineralwasser oder auch mal ein Glas Weinschorle.

- Angst, Einsamkeit, Kummer, Mißerfolg:
  Auch dies sind Gründe, um zu essen. Wäre es da nicht sinnvoller, zu versuchen, Kontakte zu knüpfen, um sich einmal aussprechen zu können? Möglichkeiten: Vereine, Pfarramt, Telefonseelsorge, Freunde, Verwandte, Nachbarn.

- Ärger, Streß oder auch Glück:
  Auch aus diesen Gründen greifen viele zu Messer und Gabel oder »vergreifen« sich im Kühlschrank.
  Besser wäre: Einen ausgiebigen Spaziergang machen und sich den Ärger von der Seele laufen. Oder lassen Sie Ihren Aggressionen einmal freien Lauf und schlucken Sie nicht alles.

- Langeweile – weil ich nicht ausgefüllt bin:
  Der schlechteste Grund, um zu essen!
  Wichtig: Bevor Sie essen, stellen Sie sich die Frage: »Bin ich wirklich hungrig?« Oder soll das Essen nur eine Ersatzbefriedigung sein? Was kann ich außer Essen jetzt tun?

Z. B. Lesen, Freunde anrufen oder besuchen, einen Spaziergang machen, mich weiterbilden, Kurse besuchen u. v. m. Oft kommt es auch zu regelrechten Freßanfällen, die damit zusammenhängen, daß sich der Übergewichtige einer Situation oder Beziehung hilflos ausgeliefert sieht. Er wird mit sich und seiner Umwelt nicht fertig. Er schafft es nicht, seine Probleme zu lösen. In dieser Situation ist es sehr wichtig, daß man sich jemandem anvertraut, daß man seine Probleme bespricht und vielleicht durch die Hilfe anderer zu Problemlösungen kommt. Wichtig ist es, die oftmals negativen Einstellungen zu ändern.

Ebenfalls ist es sehr wichtig, die Schuld für Ihr Eßverhalten nicht bei anderen zu suchen (z. B. Eltern, Ehepartner, Kantine o. ä.), damit macht man es sich zu leicht. Nur Sie können es ändern, wenn Sie es wirklich wollen.

Welche Gründe kann es für mich geben, um abzunehmen?

- Besser aussehen
- Jünger aussehen
- Größere Kleidungsauswahl
- Man kann sich endlich wieder ohne Hemmungen im Schwimmbad sehen lassen
- Um einen Freund, Partner, Ehemann/Ehefrau zu finden
- Um selbstsicherer zu werden
- Sich wieder leistungsfähig zu fühlen wie vor … Jahren
- Der wichtigste Grund: Um etwas für die eigene Gesundheit zu tun.

Es gibt sicher noch viele andere Gründe, die Sie sich ausdenken können.

Zum Punkt Gesundheit läßt sich noch einiges sagen:

In früheren Jahrhunderten hatte das »Dicksein« einen gewissen Prestigewert. Gutes Essen konnten sich nur Gutsituierte leisten und somit war die Fettleibigkeit ein erstrebenswertes Ziel und bedeutete zugleich einen gesellschaftlichen Aufstieg (siehe auch barocke Gemälde, z. B. von Rubens).
Den Ärzten waren auch zum Teil in vergangenen Jahrhunderten die Gefahren der Fettsucht bekannt. Dennoch wurde sie akzeptiert.

Erst in den letzten Jahrzehnten wurde erkannt, daß ernährungsabhängige Krankheiten häufiger Todesursachen sind als Krebs und Verkehrsunfälle.
An erster Stelle dieser ernährungsabhängigen Krankheiten steht das Übergewicht. Es ist auslösender Faktor oder Begleitsymptom vieler Krankheiten, wie z. B. Diabetes mellitus, Fettstoffwechselstörungen, Gicht, Arteriosklerose, Bluthochdruck, Lebererkrankungen und Herzinfarkt.
Die Ursachen der Überernährung sind:
Ein ständiges Überangebot an hochkalorischen Nahrungsmitteln, verbunden mit Bewegungsmangel in Beruf und Freizeit.
Darüber hinaus ist der natürliche Regelmechanismus – die Steuerung von Hunger und Sättigung – verloren gegangen.
Nicht zuletzt darf auch der geschickten Werbung, die uns immer mehr vorgefertigte, kalorienreiche Nahrungsmittel anbietet, ein Teil Schuld zugesprochen werden.

Welches Eßverhalten ist sinnvoll, was kann ich ändern bzw. verbessern?

Eßverhalten bei Tisch:
Fühlen Sie sich nicht verpflichtet, alles aufzuessen, was gekocht wurde, nur damit die Töpfe leer werden (Sie sind

schließlich kein Abfalleimer). Werfen Sie lieber einmal einen Rest weg, frieren Sie ihn ein oder machen Sie davon am nächsten Tag ein Resteessen. Gewöhnen Sie sich ruhig einmal an, einen Rest auf dem Teller liegen zu lassen.
Sinnvoller wäre es natürlich, sehr knapp zu kochen. Das bedeutet, die Nahrungsmittel, die wir zum Kochen benötigen, müssen berechnet und abgewogen werden. Es ist jedoch unsinnig, aus Bequemlichkeit z. B. ein ganzes Päckchen Teigwaren zu kochen, wenn man nur drei Personen zu Tisch hat. Wenn wirklich einmal ein Familienmitglied nicht satt wird, ist sicherlich zum Nachtisch noch ein Stück Obst zur Hand.

Eßverhalten von Berufstätigen:
Gerade von Berufstätigen höre ich immer wieder Klagen über das Kantinenessen. Es sei zu fett und üppig, zu wenig Frischkost etc.
Wenn sich viele Mitarbeiter einer Firma zusammentun und sich massiv bei der Firmenleitung und beim Betriebsrat beschweren, würde das sicherlich auf das Kantinenessen Einfluß nehmen.
Ansonsten gibt es ja auch noch die Möglichkeit der Selbstverpflegung. Nehmen Sie ein belegtes Vollkornbrot mit magerem Schinken, Käse oder Wurst und ein paar Tomaten oder Gurkenscheiben mit. Etwas Obst und ein Joghurt und schon haben Sie ein ausreichendes Mittagsmahl. Wenn Sie aber dann abends nach Hause kommen, fallen Sie nicht voller Heißhunger über das Abendessen her. Es ist viel sinnvoller, wenn Sie sich erst einmal entspannen, vollkommen abschalten, vielleicht die Zeitung lesen und dann mit der Familie in aller Ruhe das Abendessen einnehmen. Aber bitte keine Schwerarbeiter-Portion – bedenken Sie, Ihr Körper kommt abends zur Ruhe und Sie benötigen nur noch sehr kleine Mengen.

Gibt es medizinische Methoden (medikamentöse und operative), um abzunehmen?

Es gibt sogenannte Appetitzügler, die auf unser Gehirn wirken und bei zu langer Anwendung abhängig machen können. Ebenso gibt es Medikamente, die eine starke Quellwirkung im Magen haben und dadurch ein gewisses Sättigungsgefühl hervorrufen.
Man kann davor nur dringlich warnen!
Es gibt nichts besseres als eine gesunde, optimal zusammengestellte Ernährung, die dem Körper alle Nährstoffe zuführt, die er benötigt.
Weiterhin gab bzw. gibt es vorwiegend in den USA einige obskure Methoden, um Übergewichtige von ihren lästigen Pfunden zu befreien, z. B.:

- Magenstillegung durch einen Nahtverschluß (Restmagen kann nur noch Minimengen aufnehmen)
- Dünndarmverkleinerung bzw. Resektion
- Einsetzen eines Magenballons, um den Magen zum Großteil auszufüllen
- Verdrahtung des Kiefers für eine bestimmte Zeit; Patienten können nur noch Flüssignahrung aufnehmen
- Absaugen des Fettgewebes

um nur einige Methoden aufzuzählen.
Fachleute kamen zu dem Urteil, daß all diese Methoden als bedenklich, teilweise sogar als gesundheitsgefährdend eingestuft werden müssen. Einmütig lauteten die Empfehlungen: Nur durch ein langfristiges Verhaltenstraining – Änderung der Lebensweise, viel Bewegung, gesunde und knappe Nahrungsaufnahme – kann eine dauerhafte Gewichtsabnahme erreicht werden.

Wie verhält es sich mit den unzähligen Abnahmediäten, die auf dem Markt angeboten werden?

In Deutschland soll es nach Schätzungen ca. 300 verschiedene Abnahmediäten auf dem Markt geben, von denen ein Großteil nach Expertenmeinungen langfristig ungeeignet, wenn nicht sogar gesundheitsgefährdend sind. Laut Empfehlung der Deutschen Gesellschaft für Ernährung sollte die angestrebte Nährstoffrelation pro Tag ca. 15–20 % Eiweiß, ca. 30 % Fett und 50–55 % Kohlenhydrate betragen. Bei vielen dieser Abnahmediäten stimmt diese Relation auch nicht annähernd. So sind z. B. die Hollywood-Diät, Mayo-Diät, Eier-Diät, Scarsdale-Diät und Cooley-Kur stark eiweißbetont, die Atkins-Diät fett- und eiweißreich.
Ganz abgesehen vom gesundheitlichen Aspekt – wer hat denn Lust, den ganzen Tag Körner oder Ananas, Eier und ähnliches zu essen.
Es ist sehr unwahrscheinlich, durch derartig einseitige, langweilige Diäten die Ernährung und Lebensweise langfristig umzustellen.

Kann es bei der Gewichtsreduktion zu gesundheitlichen Problemen kommen?

Vor einer starken Gewichtsreduktion sollte man sich auf jeden Fall medizinisch untersuchen lassen, um abzuklären, ob die Gewichtsreduktion zu Hause in eigener Regie oder aber in einer Klinik unter ärztlicher Aufsicht vorgenommen werden soll.

Erwiesenermaßen können Menschen sehr lange ohne feste Nahrung auskommen, sie leben in dieser Zeit von ihrem körpereigenen Fettdepot. Der menschliche Körper kommt aber nicht aus ohne Flüssigkeit, die für viele Körperfunktionen unerläßlich ist. Gerade während einer Gewichtsreduktion ist es deshalb unerläßlich, 2–3 Liter Flüssigkeit pro Tag zu sich zu nehmen. Geschieht dies nicht, kann es zu schwerwiegenden Komplikationen wie Kreislauf- und Nierenversagen kommen.

Wie gelingt es mir, langfristig abzunehmen und mein Gewicht zu halten?

Um abzunehmen, muß man oft mit vielen liebgewordenen Gewohnheiten brechen. Verzicht auf allzu fette und üppige Speisen, die vielen Süßigkeiten, die Erdnüsse, das Knabbergebäck und die kalorienreichen Getränke.

Wir müssen unsere Ernährungsgewohnheiten umstellen und uns mit einer frischen, vollwertigen, kalorienreduzierten Kost verwöhnen. Vor allen Dingen müssen wir uns mehr bewegen und uns ein Ziel setzen: Festlegen unseres optimalen Wunschgewichtes.

Auf dieses Ziel müssen Sie nun stetig hinarbeiten. Dazu ist erforderlich, daß Sie sich laufend wiegen, um Ihr Gewicht zu kontrollieren. Aber bitte ja nicht täglich, denn das wirkt auf die Dauer frustrierend, da die Gewichtsabnahme sehr unterschiedlich verläuft und es sogar sein kann, daß Sie einmal gar keine Abnahme hatten oder daß Sie sogar leicht zugenommen haben. Deshalb ist es erforderlich, daß Sie sich nur einmal pro Woche, vielleicht am Sonntag, immer zur gleichen Zeit auf die Waage stellen und Ihr Gewicht kontrollieren und aufschreiben. So können Sie gut verfolgen, wie in den nächsten Monaten Ihre Gewichtskurve verläuft.

Werden Sie aber niemals ungeduldig. Die ersten zwei Wochen werden Sie eine starke Gewichtsabnahme zu verzeichnen haben, da Ihr Körper viel Flüssigkeit gespeichert hat, die er jetzt freigibt.

(Wichtig: Schränken Sie auch den Verbrauch von Kochsalz stark ein; 10 Gramm Salz binden 1 Liter Wasser im Körper.) Danach wird die Gewichtsabnahme schleppender verlaufen und je näher Sie Ihrem Ziel rücken, um so langsamer geht die Abnahme vonstatten.

Also wichtige Regel: Geduld üben – nicht verzweifeln – durchhalten!
Sie können schließlich nicht erwarten, daß Sie ein Übergewicht, das Sie im Laufe von Jahren aufgebaut haben, in ein bis zwei Monaten verlieren.
Sollten Sie aber nicht mehr motiviert sein, nicht mehr abnehmen wollen und haben Sie Ihre Diät so richtig satt, dann hören Sie auf damit und seien Sie nur noch bestrebt, Ihr Gewicht zu halten. Wenn Sie nach einigen Wochen oder auch Monaten dazu bereit sind, gehen Sie an die nächsten Pfunde. Etappenweise läßt sich eine Gewichtsabnahme bei großem Übergewicht leichter in den Griff bekommen.

Durch zu schnelle Gewichtsreduktion, durch falsche oder schlechte Abnahmediäten kann es auch zu starken »Freßanfällen« kommen.

Achtung: Kein Mensch möchte mit der trostlosen Aussicht leben, nie mehr das essen zu dürfen, was ihm schmeckt. Durch uneingeschränkte Erlaubnis aller Speisen – aber in der richtigen Menge und Zusammenstellung! – ist eine dauerhafte Gewichtsabnahme eher möglich. Es sind oftmals nicht die kalorienreichen Speisen das Problem, sondern die Art, sie zu essen. Jedes Nahrungsmittel führt zu Übergewicht, wenn es in Unmengen gegessen wird.
Irgendwann kommt sicherlich der Zeitpunkt, an dem Sie Ihr Wunschgewicht erreicht haben. Und dann begehen die meisten Menschen den Fehler, daß Sie nach erfolgreicher Gewichtsabnahme – »Gott sei Dank, jetzt habe ich es geschafft; nun kann ich endlich wieder essen, was mir Spaß macht!« – wieder ins alte Eßverhalten zurückfallen. Dabei kommt es

jetzt erst richtig darauf an, sich zu kontrollieren, um das erreichte Gewicht zu halten.

Regel:
Die wöchentliche Gewichtskontrolle muß zur lieben Gewohnheit werden. Und dies das ganze Leben lang.

Sicherlich fehlt Ihnen auch körperliche Bewegung. Körperliche Übungen bringen Ihren Kreislauf in Schwung, regulieren Ihren Stoffwechsel und lenken Ihre Gedanken vom Essen fort. Beispiel: Lassen Sie den Lift stehen und benutzen Sie die Treppe; verzichten Sie öfter auf das Auto und gehen Sie stattdessen zu Fuß oder nehmen Sie das Fahrrad; machen Sie zweimal täglich 10 Minuten Gymnastik! Sie werden sich bald viel besser fühlen.
Fangen Sie langsam an und steigern Sie sich!

Gewichtsabnahme durch Reduktionskost:
Wählen Sie zur Gewichtsabnahme keine einseitigen Sonderdiäten, bei denen einzelne Nährstoffe ausgeschaltet werden. Diese sind meistens nur kurze Zeit vertretbar. Wählen Sie eine vollwertige Reduktionskost von ca. 1200 kcal, bei der alle Nahrungskomponenten enthalten sind. Diese Kost sollte abwechslungsreich sein und genügend Obst, Salate und Gemüse, Milchprodukte, Nüsse und Getreideprodukte enthalten, damit ihr Bedarf an Vitaminen und Mineralstoffen ausreichend gedeckt wird.

Wichtige Regel: Essen Sie mehrere kleine Mahlzeiten am Tag statt drei großen Hauptmahlzeiten.

Sollte Ihnen das Zubereiten einer Reduktionskost zuviel Mühe machen, so haben Sie die Möglichkeit, ein bis zwei Obsttage pro Woche einzulegen (siehe Kapitel Entlastungstage).
Wichtig auch hier: Wöchentliche Gewichtskontrolle!

Warum verliert man in den ersten zwei Wochen beim Abnehmen soviel an Gewicht und danach nur noch relativ wenig?

Da man bei einer Reduktionskost, gleich wie sie zusammengestellt ist, automatisch weniger Kochsalz zu sich nimmt, schwemmt der Körper sehr viel Wasser, das im Bindegewebe gespeichert ist, aus. Erst dann geht es an die Fettdepots. Der Körper paßt sich dann aber der veränderten Situation sehr schnell an und schaltet auf Sparflamme. Die zugeführte Nahrung wird nun optimal ausgewertet und die Gewichtsabnahme verläuft, je näher man an das Normalgewicht kommt, immer schleppender. Dann muß man schon sehr viel Geduld und Selbstdisziplin haben, um durchzuhalten.

Warum nimmt man nach einer Gewichtsreduzierung und nach Erreichen des Wunschgewichtes so schnell wieder zu?

Die meisten Menschen sind nach einer Gewichtsreduzierung sehr schnell bereit, die Zügel schleifen zu lassen. Man ist ja erleichtert, es geschafft zu haben, man kontrolliert das Gewicht nicht mehr regelmäßig, fällt in alte Gewohnheiten zurück und schleichend setzt man nach und nach wieder Übergewicht an.

Das Wichtigste nach Erreichen des Wunsch- bzw. Zielgewichtes ist es, sich eine Gewichtsobergrenze zu setzen und weiter regelmäßig jede Woche das Gewicht zu kontrollieren. Denken Sie daran, 1–2 kg nimmt man sehr schnell und leicht ab. Sind es aber mal wieder 10 kg oder mehr geworden, wird es wieder eine Langzeitmaßnahme werden und auf Dauer doch frustrierend. Deshalb ist es vorteilhaft, Ihr Gewicht wöchentlich in eine Liste einzutragen und damit Ihre Gewichtskurve über einen längeren Zeitraum zu verfolgen.

Warum ist bei der Gewichtsreduzierung die Verdauung unter Umständen unregelmäßig?

Da man bei einer Fastenkur bzw. einer kalorienreduzierten Mischkost ja bedeutend weniger Nahrung zu sich nimmt als üblich, ist die Verdauung unter Umständen etwas unregelmäßiger. Es ist durchaus normal, wenn man nur jeden zweiten, eventuell dritten Tag Stuhlgang hat. Die schlechteste Methode, um bei Obstipation (Verstopfung) nachzuhelfen, sind Medikamente. Wichtig ist die Aufnahme von reichlich Flüssigkeit (1,5–3 Liter pro Tag) und viel Bewegung. Auch natürliche Hausmittel wirken oft Wunder, z. B. nüchtern ein Glas Sauerkrautsaft oder einen feingeriebenen Apfel bzw. zwei bis drei eingeweichte Feigen. Auch die Einnahme von Kleie mit reichlich Flüssigkeit hilft oft sehr gut. Oder Sie mischen Buttermilch mit geschrotetem Leinsamen und 1 TL Milchzucker. Und wenn alle Mittel versagen, kann man es immer noch mit dem altbewährten Einlauf versuchen.

Darf ich bei der Gewichtsreduktion Kaffee und Alkohol trinken?

Gegen Kaffee oder Schwarzen Tee ist in kleinen Mengen (zwei bis drei Tassen täglich) nichts einzuwenden, sofern nicht medizinische Gründe dagegen sprechen. Sicher muß man bei den Menschen, die pro Tag vier bis zehn Tassen Kaffee konsumieren, schon von einer gewissen Abhängigkeit sprechen (Kaffee gehört bekanntlich zu den Genußgiften).

Auch gegen Alkohol, in kleinen Mengen genossen, ist nichts einzuwenden, mit Ausnahme von Spirituosen. Wobei man die empfohlenen Mengen (bei Wein 0,2 l und bei Bier 0,4 l) nicht überschreiten sollte.
Denken Sie daran, auch Alkohol ist sehr kalorienreich (0,2 l Wein = ca. 160 kcal und 0,4 l Bier = ca. 172 kcal). Auch haben Sie sicher schon bemerkt, daß Alkohol appetitanregend wirkt – deshalb vorsichtshalber Verzicht üben.

Warum soll man am Tag mehrere kleine Mahlzeiten anstatt drei großer Mahlzeiten zu sich nehmen?

Der Vorteil bei kleinen Mahlzeiten besteht darin, daß der Magen »schrumpft« und man dadurch nach und nach schneller ein Sättigungsgefühl erreicht. Ebenso von Vorteil ist, daß, bedingt durch die zahlreicheren kleinen Mengen, man sich nicht mit einem ausgeprägten Heißhunger an den Tisch begibt und dann hastig in Unmengen Nahrung aufnimmt.

Warum schlägt die Abendmahlzeit bei mir so schnell an?

Oft kommt man gestreßt, gehetzt und abgespannt nach Hause, setzt sich an den Abendbrottisch und ißt, da man ja bedingt durch Zeitmangel »den ganzen Tag nichts zu sich genommen hat« (was meistens nicht stimmt), viel zu viel und zu üppig. Da man dann die Füße unter den Tisch streckt und sich vom Fernseher berieseln läßt, oft auch noch Kalorienreiches in Form von Knabbergebäck, Nüssen und Alkohol zu sich nimmt, ist es kein Wunder, wenn dieses Zuviel an Nahrung sehr schnell zu Übergewicht führt.

Abhilfe schafft: Ein ausgiebiger Spaziergang vor dem Essen in flottem Tempo, um den Streß abzubauen. Ein großes Glas Mineralwasser oder Tee vor dem Essen, um den Magen zu beruhigen, dann die richtige Auswahl der Nahrungsmittel und vor allem: Selbstdisziplin.

Wie kann ich meinem Heißhunger auf Süßigkeiten und Schokolade begegnen?

Die beste Methode ist, weise vorausschauend, keine Süßigkeiten im Hause zu haben. Dadurch ist der Zugriff schon einmal erschwert. Sollten Sie es gar nicht mehr schaffen, dann versuchen Sie, die verzehrte Menge sehr klein zu halten (eine Tafel Schokolade hat ca. 550 kcal).
Leichter fällt es einem, auf Süßigkeiten zu verzichten, wenn man dafür Obst ißt oder sehr lange und intensiv Trockenfrüchte kaut, z. B. eine Trockenpflaume ohne Stein im Mund richtig einweicht und gut kaut. Dieses Mittel wirkt oft Wunder.

Hilft es mir, sogenannte Light-Produkte zu kaufen, um weniger Kalorien zu mir zu nehmen?

Um diese Frage zu beantworten, möchte ich das AOK-Magazin »Bleib gesund« heranziehen:

Die besten Lightprodukte wachsen in der Natur

Leider hat die Natur keine Werbeagentur. Sie würde Obst, Gemüse, Kartoffeln, Nudeln, Brot, Salat als die »wahren Light-Lebensmittel« anpreisen. Doch diese natürlichen Leichtgewichte machen zu wenig Umsatz. Sie bieten wenig Kalorien

für wenig Geld. Nur umgekehrt wird Umsatz daraus: wenig Kalorien für viel Geld.
Erst wenn die gesunde Kartoffel zum fettigen Chip »veredelt« ist, der frische Spinat seinen Blubb bei –20 Grad weghat und das deftige Roggenkorn im Zuckerbett des Müslieriegels klebt, klingelt die Kasse. Convenience-Food heißt dieses »bequeme Essen«, das den schnellen Zubiß ohne Küchenarbeit und Wartezeit garantiert.
Millionen Menschen sind nicht bereit, für gutes, gesundes Essen und Trinken ein paar Mark mehr auszugeben, sondern greifen nach Discount- und Billigangeboten.

Die AOK-Profi-Tips

Kaufen Sie nicht grundsätzlich das billigste Angebot. Wählen Sie nach Qualität. Nur wenn Preis und Qualität stimmen, haben Sie ein preiswertes Lebensmittel gekauft.
Die besten Light-Getränke stellen Sie sich selbst her: Reinen Fruchtsaft (kein Nektar oder Saftgetränk) mit Mineralwasser verdünnen: Besonders beim Freizeitsport zu empfehlen.
Bei »leichten« alkoholischen Getränken (z. B. Light-Bier) nicht unkontrolliert mehr trinken. Manche Menschen regulieren nämlich die Trinkmenge »automatisch« nach der verspürten Alkoholwirkung. Light-Streichfette (Halbfettbutter und -margarine) haben die gleiche Wirkung wie übliche Streichfette, die Sie halb so dick aufstreichen. Vorteil: Sie lernen, mit Fett sparsam umzugehen, und sparen Geld. Achten Sie beim Käsekauf auf die Angabe »Fett i. Tr.«, die ausgewiesen sein muß. Sie sollte nicht über 30 % liegen, wenn Sie einen weniger fettreichen Käse wünschen. Die häufig anzutreffende zusätzliche Angabe, »%-Fett absolut« müßte dann eigentlich unter 15 % liegen. Wurstwaren schwanken je nach Herstellung und Sorte sehr im Fettgehalt. Fragen Sie Ihren Fleischer nach dem Fettgehalt. Auch Wurst mit ausgezeichnetem Geschmack muß nicht mehr als 20 % Fett haben.

Aus: AOK-Gesundheitsmagazin
»Bleib gesund« 6/91

Welche Nahrungsmittel kann ich bei einer Gewichtsreduktion in größeren Mengen einsetzen?

Unbedenklich einsetzen kann man Rohkostsalate und Gemüse jeglicher Art, sofern sie fettarm zubereitet wurden. Sie führen Ihrem Körper damit ausreichend Vitamine, Mineralstoffe sowie Ballaststoffe zu, ohne ihn kalorienmäßig zu überlasten.

Ein paar Beispiele:

Tomaten	100 g	=	17 kcal
Möhren	100 g	=	27 kcal
Gurken	100 g	=	13 kcal
Gewürzgurken	100 g	=	17 kcal
Radieschen	100 g	=	13 kcal
Blattsalate	100 g	=	ca. 12 kcal
Kartoffeln	100 g	=	ca. 70 kcal

Was versteht man unter gesunder, vollwertiger Ernährung?

Der Ernährung, die ja in unserem Leben eine große Rolle spielt, wird heute in der Medizin wieder der Stellenwert eingeräumt, der ihr gebührt. Nicht zuletzt dank der unermüdlichen Aufklärungsarbeit des Arztes Bircher-Benner, des Arztes Dr. Bruckner und des Ernährungshygienikers Werner Kollath. Heute sind Ärzte wie Dr. Anemüller, Prof. Leitzmann, Prof. Pudel, um stellvertretend nur einige zu nennen, bemüht, der Öffentlichkeit das Wissen über eine gesunde, vollwertige Nahrung nahezubringen.

Man könnte sie wie folgt definieren:
Die Vollwertkost ist eine überwiegend pflanzliche Ernährungsform mit einem geringen Anteil an Fisch, Fleisch und Eiern. Hauptsächlich besteht sie aus Vollkornprodukten, Salaten und Gemüsen jeder Art, Obst, Kartoffeln, Hirse, Naturreis, Hülsenfrüchten sowie Milch und Milchprodukten. An die Qualität dieser Produkte sind höchste Anforderungen zu stellen. Es ist empfehlenswert, einen Großteil dieser Nahrungsmittel als Frischkost (d.h. nicht erhitzt) zu sich zu nehmen.

Prinzipien der Vollwerternährung

1) Je frischer und unverarbeiteter – naturbelassener – ein Nahrungsmittel ist, um so gesünder und vollwertiger ist es.
2) Schränken Sie Haushaltszucker, Auszugsmehl und daraus hergestellte Produkte stark ein. Verwenden Sie zum Süßen statt dessen Honig in kleinen Mengen, Trockenfrüchte oder Obst (eventuell Süßstoff in kleinen Mengen).
3) Bevorzugen Sie Getreide und Getreideprodukte aus vollem Korn bzw. Vollkornbrot, Frischmüsli zum Frühstück und andere Vollkorngetreidegerichte. Besonders vorteilhaft ist die Anschaffung einer Getreidemühle, um Ihr Getreide direkt vor dem Verbrauch selbst schroten und mahlen zu können.
4) Nehmen Sie reichlich Rohkost, Salate, Gemüse, Obst und Nüsse zu sich. Diese Nahrungsmittel haben viele Vitamine, Mineralstoffe und Spurenelemente, sind ballaststoffreich und haben wenig Kalorien (Ausnahme Nüsse, diese haben einen hohen Fettgehalt). Auch Tiefkühlgemüse und Obst sind ernährungsphysiologisch gesehen vollwertig und manchmal günstiger als Frischgemüse, welches tagelang in Geschäften herumliegt und dadurch sehr viele Vitamine und Mineralstoffe verliert. Bei der Vorbereitung von Gemüse, Früchten und Kartoffeln bitte beachten:
   a) nur kurz waschen
   b) möglichst nicht in zerkleinertem Zustand waschen
   c) nicht im Wasser oder an der Luft liegen lassen
   d) Garzeit so kurz wie möglich halten
   e) in wenig Flüssigkeit garen (dämpfen), die Kochflüssikeit aufbewahren und für Suppen, Saucen oder ähnliches verwenden.
5) Wenn Sie Fleisch, Wurstwaren, Eier und Fisch verwenden, so schränken Sie diese Produkte ein. Nehmen Sie diese

Nahrungsmittel als kleine Beilage und stellen Sie Gemüse, Kartoffeln und Naturreis in den Vordergrund. Auch Sojaprodukte und Tofu sind eine willkommene Alternative.

6) Die Kartoffel, zu Unrecht früher als »Dickmacher« verpönt, ist ein vollwertiges Nahrungsmittel und sollte oft in den Speiseplan eingebaut werden. Auch Naturreis (statt poliertem Reis) und Hirse sind sehr gesund und können zu schmackhaften Gerichten verarbeitet werden.

7) Verwenden Sie sparsam naturbelassene Fette, wie Butter und kaltgepreßte Öle mit reichlich ungesättigten Fettsäuren (hoher Kalorienwert).

8) Sparen Sie beim Kochen mit Salz, verwenden Sie reichlich frische Gartenkräuter oder getrocknete Kräuter und Gewürze. Gefriergetrocknete Kräuter sind zwar erheblich teurer als die übliche getrocknete Ware, aber geschmacklich viel intensiver und sparsamer im Verbrauch.

Ernährungsratschläge und Küchentips

1) Das Ernährungsprogramm ist so vielseitig und abwechslungsreich, daß es der ganzen Familie gerecht wird. Normalgewichtigen Essern reichen Sie zusätzlich Obst, Beilagen, Brot bzw. mehrere Zwischenmahlzeiten.
2) Die angegebenen Mengen beziehen sich immer auf den eßbaren Anteil der Lebensmittel. Sie können also ruhig etwas mehr kaufen, da vor allem bei Gemüse und Obst Abfälle anfallen.
3) Wichtig ist eine sorgfältige Einkaufsplanung und der Gebrauch der Waage (Einkäufe für drei bis vier Tage).
4) Gibt es z. B. größere Bratenstücke, so frieren Sie einen Teil davon portioniert ein (so können Sie sich viel Zeit und Arbeit sparen). Auch Brot und viele andere Lebensmittel lassen sich problemlos einfrieren.
5) Je nach Jahreszeit können oder müssen einige Lebensmittel ausgetauscht werden.
6) Sie können die warme Mittagsmahlzeit problemlos mit dem Abendessen tauschen. Dies bietet sich besonders für Berufstätige an, die sich ein kaltes Mittagessen gut vorbereiten und an den Arbeitsplatz mitnehmen können.
7) Auch Geschäftsleute, die sich oft mit Kunden auswärts verköstigen müssen und dabei zuviel des Guten tun, haben die Möglichkeit, sich durch konsequentes Auswählen kalorienarmer Speisen oder durch häufiges Einschieben von Entlastungstagen (s. S. 56–59) zu helfen.
8) Sorgen Sie dafür, daß Sie immer Lebensmittel für Ihre Zwischenmahlzeit im Haus haben, damit Sie den kleinen Hunger zwischendurch stillen können.

Dazu gehören: Obst, Milch und Milchprodukte, Gemüse wie Möhren und Kohlrabi, Tomaten und Gurken, die Sie auch roh essen können.

9) Wenn Sie sich bisher vorwiegend ballaststoffarm ernährt haben, sollten Sie sich langsam auf ballaststoffreiche Ernährung umstellen (z. B. grob geraspelte Rohkost, Vollkornprodukte, Naturreis etc.).
Bei einer zu schnellen Umstellung können Druck- und Völlegefühl sowie Bauchschmerzen auftreten. Es kann zu einer vermehrten Bildung von Darmgasen und damit zu Blähungen kommen. Darum ist es besser, den Darm langsam an die gesteigerte Ballaststoffzufuhr zu gewöhnen. Aber in der Regel hat sich der Körper nach 10 bis 14 Tagen auf die ballaststoffreichere Kost umgestellt. Da Ballaststoffe Wasser im Körper binden, ist unbedingt auf eine reichliche Flüssigkeitszufuhr (1 ½ bis 2 Liter täglich) zu achten.

10) Wählen Sie beim Einkauf kalorienarme Nahrungsmittel.

11) Zu bevorzugen ist eine Nahrung, die reich an fettarmen Milcherzeugnissen, Früchten, Gemüsen, Rohkost und grob gemahlenen Getreideprodukten ist.

12) Schränken Sie generell den Fettverbrauch ein.

13) Verwenden Sie Fette, die reich an ungesättigten Fettsäuren sind: gute Pflanzenöle (z. B. Saflloröl, reines Sonnenblumenöl, Maiskeimöl, kaltgepreßt und nicht raffiniert), gute Pflanzenmargarine.

14) Wählen Sie fettarme Zubereitungen, wie Kochen, Dünsten, Grillen, Garen in der Folie, in der Teflonpfanne oder im Römertopf.

15) Meiden Sie Zucker, Marmelade und andere schnellresorbierbare Kohlenhydrate (Schokolade und Süßigkeiten aller Art).

16) Gemüse nicht mit Mehl binden, sondern nur im eigenen Saft dünsten.

17) Sparen Sie beim Kochen mit Salz, verwenden Sie frische Gartenkräuter oder getrocknete Kräuter und Gewürze. Ihr Gewürzschrank sollte mindestens folgende Kräuter und Gewürze beinhalten:
Basilikum, Bohnenkraut, Curry, Dill, Kerbel, Kümmel, Knoblauch, Liebstöckel, Lorbeer, Majoran, Muskat, Nelken, Pfeffer, Paprika, Rosmarin, Thymian, Wacholder, Zwiebelpulver.

18) Kochen Sie Ihr Fleisch oder Ihre Suppe einen Tag vorher. Nach dem Erkalten können Sie die Saucen oder Suppen mühelos entfetten.

19) Bei der Vorbereitung von Gemüsen, Früchten und Kartoffeln beachten:
- kurz waschen
- möglichst nicht in zerkleinertem Zustand waschen
- nicht in Wasser oder an der Luft liegen lassen
- Garzeit so kurz wie möglich halten
- in wenig Flüssigkeit garen

20) Bei der Zubereitung von Nachspeisen Magerquark, Magermilch, Buttermilch, Früchte und ungezuckerte Säfte verwenden.

21) Entfernen Sie beim Schinken den Fettrand.

22) Denken Sie daran, daß auch ausgewählte fettarme Nahrungsmittel noch versteckte Fette enthalten.

23) Beim Essen jeden Bissen gut und lange kauen.

24) Meiden Sie kalorienreiche Getränke, vor allen Dingen Alkohol und mit Zucker gesüßte Getränke. Auch 1 Liter Vollmilch hat 660 kcal.

25) Wählen Sie kalorienarme Getränke, z. B. Tee oder Kaffee mit Süßstoff, Mineralwasser und ungesüßte Säfte.

26) Wenn Sie beim Fernsehen unbedingt essen müssen, wählen Sie Obst und weisen Sie Schokolade, Nüsse und ähnliches weit von sich.

27) Kaufen Sie sich eine Waage mit einer Grammskala für kleine Gewichte und gewöhnen Sie sich daran, alle Lebensmittel abzuwiegen. In kürzester Zeit sind Ihnen viele Grammangaben vertraut (z. B. Brotscheiben, Kartoffeln, Beilagen, Fleisch usw.) und der Mehraufwand an Zeit hat sich gelohnt.

28) In meinem Speiseplan finden Sie viele Sorten Gemüse und Obst. Sollten Sie diese nicht frisch bekommen, so greifen Sie auf Tiefkühlkost zurück. Der Vorteil: Sie können immer günstig portionieren.
Sollte Ihr Lebensmittelhändler kein großes Tiefkühlangebot haben, so frieren Sie im Sommer oder Herbst jeweils eine kleinere Menge vom benötigten Obst oder Gemüse ein. So haben Sie im Winter immer einen abwechslungsreichen Speiseplan. Konservenfrüchte sind zu meiden, wenn sie stark gesüßt sind.

29) Sollten bei den Mahlzeiten Reste übrigbleiben, so fühlen Sie sich nicht »verpflichtet«, diese zu vertilgen. Sie haben bestimmt normalgewichtige Familienmitglieder, die sich abends oder am nächsten Tag dieser Speisen annehmen werden.

30) Meiden Sie Nahrungsmittel, die einen sehr hohen Anteil an versteckten Fetten haben: Wurstwaren, vollfette Käsesorten, Süßigkeiten, Torten etc.

Das richtige Würzen

Die folgende kleine Übersicht soll Ihnen Hilfestellung geben beim Würzen mit Kräutern.
Frische Kräuter werden in der Regel kurz vor dem Anrichten fein gehackt, den Suppen, Saucen, Salaten und Gemüsegerichten zugefügt; besonders kräftige, aromatische Kräuter, wie Bohnenkraut, Sellerie usw., werden unzerkleinert in Gemüse- und Fleischbrühen mitgekocht und danach abpassiert.

Eine wichtige Regel
Sollte Ihnen ein Kraut oder Gewürz noch nicht bekannt sein, so verwenden Sie es sparsam. Bei einem Gericht darf kein Gewürz besonders hervorstechen, sondern alle Gewürze müssen gut aufeinander abgestimmt sein.

Anwendung von Kräutern und Gewürzen bei:

Getreidegerichten:	Beifuß, Basilikum, Bohnenkraut, Borretsch, Curry, Oregano, Estragon, Kümmel, Knoblauch, Liebstöckel, Lorbeer, Paprika, Pfeffer, Petersilie, Rosmarin, Thymian, Wacholder, Zwiebel
Suppen:	Bohnenkraut, Borretsch, Curry, Fenchel, Kerbel, Kresse, Majoran, Muskat, Petersilie, Pfeffer, Piment, Safran, Sauerampfer, Schnittlauch, Zitronenmelisse, Zwiebel
Saucen:	Basilikum, Curry, Dill, Estragon, Kerbel, Kümmel, Knoblauch, Liebstöckel, Meerrettich, Majoran, Muskat, Nelke, Paprika, Petersilie, Pfeffer,

	Rosmarin, Sauerampfer, Schnittlauch, Zitronenmelisse, Zwiebel
Salaten:	Borretsch, Dill, Estragon, Kerbel, Knoblauch, Kresse, Liebstöckel, Petersilie, Pfeffer, Sauerampfer, Schnittlauch, Zwiebel
Quark:	Kümmel, Dill, Kresse, Paprika, Petersilie, Pfeffer, Schnittlauch, Zwiebel
Gemüse:	Bohnenkraut, Borretsch, Dill, Oregano, Kümmel, Liebstöckel, Muskat, Petersilie, Zitronenmelisse, Zwiebel

Maßangaben/Abkürzungen

Alle Rezepte in diesem Buch sind, falls nicht anders angegeben, für 1 Person berechnet, wobei ich davon ausgegangen bin, daß die meisten Rezepte als Hauptgericht zubereitet werden.
Die angegebenen Kräutermengen beziehen sich auf frischgehackte Kräuter. Bei Trockenkräutern sollte man sparsam dosieren, da sie sehr geschmacksintensiv sind.
Nüsse, Mandeln und Kerne sollte man vor Gebrauch im Backofen oder in einer trockenen Pfanne anrösten, da sie so ein besseres Aroma entwickeln.

Abkürzungen:	TL	=	Teelöffel
	EL	=	Eßlöffel, Suppenlöffel
	Msp	=	Messerspitze
	Mßl	=	Meßlöffel
	(bei Diabetiker-Bindemittel)		

MENGE-GEWICHTSVERHÄLTNIS:

Flüssigkeit	1 TL	=	5 g
	1 EL	=	10 g
	1 Tasse	=	140 g
	1 dl	=	0,1 l = 0,1 kg
	1 cl	=	0,01 l = 0,01 kg
Margarine und Butter	1 TL	=	10 g
	1 EL	=	20 g
Mehl, Nüsse und	1 TL, gehäuft	=	6 g
Trockenprodukte	1 EL, gehäuft	=	15 g

Bei allen Rezepten habe ich eine Nährwertberechnung erstellt, damit Sie genau ersehen können, welche Mengen an Eiweiß, Fett, Kohlenhydraten, Cholesterin, Vitaminen und Mineralstoffen Sie Ihrem Körper zuführen.

Bedeutung der Abkürzungen

kcal	=	Kilokalorien
kJ	=	Kilojoule (1 Kalorie = 4,18 Kilojoule)
E	=	Eiweiß (1 g Eiweiß = 4,1 kcal)
F	=	Fett (1 g Fett = 9,3 kcal)
KH	=	Kohlenhydrate (1 g Kohlenhydrate = 4,1 kcal)
BST	=	Ballaststoffe
CH	=	Cholesterin
HS	=	Harnsäure
gFS	=	gesättigte Fettsäuren
uFS	=	einfache ungesättigte Fettsäuren
muFS	=	mehrfach ungesättigte Fettsäuren
P/S	=	P/S Quotient = zeigt den Anteil von mehrfach ungesättigten zu gesättigten Fettsäuren an (je höher desto besser, 1–2,0 erstrebenswert)
Ca	=	Calcium
Mg	=	Magnesium
Fe	=	Eisen
Vit. A	=	Vitamin A (Karotin)
Vit. B_1	=	Vitamin B_1
Vit. C	=	Vitamin C
BE	=	Berechnungseinheiten (Broteinheit)
g	=	Gramm
mg	=	Milligramm, 1 mg = 0,001 g
µg	=	Mikrogramm, 1 µg = 0,001 mg

Das Heilfasten – Kleiner Ratgeber

Nach fast 20jähriger Arbeit als Küchenleiter, diätetisch geschulter Koch der Deutschen Gesellschaft für Ernährung und nach unzähligen Vorträgen, Patientenberatungen und Schulungen in der Birkle-Klinik, einer Fachklinik für Innere Krankheiten und Orthopädie, habe ich viele praktische Erfahrungen gewonnen. Durch zahlreiche Gespräche mit Fastern habe ich die Probleme kennengelernt, denen sie sich gegenübersehen. Dieser Ratgeber soll Ihnen dabei helfen, daß Sie sich positiv mit dem Heilfasten auseinandersetzen. Schon in früheren Zeiten haben die Menschen gefastet: teils unfreiwillig bedingt durch klimatische Veränderungen, Naturkatastrophen und Nachwirkungen kriegerischer Auseinandersetzungen, teils bedingt durch die Vorgaben der großen Religionen, bei denen das Fasten zum religiösen Leben gehörte. Das Christentum kennt das vorösterliche Fasten, der Islam den Ramadan (Fastenmonat) und auch der Buddhismus hat seine Fastenzeiten zur Besinnung und zur Vertiefung des Gebetes.

Daß Überlingen am Bodensee als Kneippheilbad für seine Fastenkliniken weltweit bekannt ist, darf sicherlich Otto Buchinger gedankt werden, der mit seiner hier entstandenen Buchinger-Klinik sehr viel für die Bekanntheit des Heilfastens geleistet hat. Aber auch andere haben sich um das Fasten verdient gemacht, z. B. Shelton (USA) der die »Natural Hygiene« gründete, Riedlin in Freiburg, Franz Xaver Mayr in Wien, Johann Schroth (Schrothkur) und viele andere. Ob F. X. Maier, Schrothkur, Buchinger-Fasten oder Saft- und Null-Diätkuren – jede Fastentherapie hat ihre Liebhaber. Sicherlich ist die Null-Diät, bei der es nur Mineralwasser und Tee gibt, die schlechteste Methode, um sie zu Hause zu praktizieren. Sie sollte nur in Kliniken unter ärztlicher Aufsicht angewandt werden. Als Langzeitmaßnahme kann es durch den

Eiweißabbau im Körper zu gesundheitlichen Komplikationen kommen. Ich möchte mich nachfolgend auf ein Eiweiß-modifiziertes Fasten beschränken, wie es bei uns in der Klinik, anlehnend an das Buchinger-Fasten, praktiziert wird.

Was ist Fasten?

Für viele bedeutet Fasten sicher nur Gewichtsabnahme. Für andere geistige Erneuerung, religiöse Meditation oder aber Entschlackung und Entgiftung des Körpers. Auch ist Fasten die beste Möglichkeit, in Verbindung mit körperlicher Ertüchtigung in Form zu bleiben bzw. wieder in Form zu kommen. Aus eigener Fastenerfahrung kann ich sagen, man fühlt sich nach zwei bis drei Fastentagen psychisch und physisch ausgesprochen wohl und erfährt Leistungssteigerungen in jeder Beziehung.

Fasten ist leichter als wenig essen!

Wie oft erlebe ich in unserer Klinik, daß Patienten, die nicht fasten wollen, mit einer 800-kcal-Vollwertkost Probleme haben. Sie sind von zu Hause große Nahrungsmengen gewohnt und die Umstellung fällt Ihnen ein bis zwei Wochen sehr schwer. Bei den Fastern verläuft es ganz anders. Nach zwei bis drei Fastentagen hat sich der Körper umgestellt, und wenn nach der Fastenzeit die Aufbauphase abgeschlossen ist und die Patienten 800–1200 kcal zugeteilt bekommen, erscheint es Ihnen oft so viel, daß sie es kaum essen können.

Vorteile des Fastens

Für die meisten übergewichtigen Menschen steht ganz klar die Gewichtsreduktion im Vordergrund. Es gibt aber auch viele Normalgewichtige, die ein- bis zweimal pro Jahr eine Fastentherapie durchführen, um den Körper von Giftstoffen zu entschlacken, um Krankheiten zu bekämpfen oder um ihnen vorzubeugen. Ein wichtiger Aspekt beim Fasten ist aber, daß der Magen etwas »schrumpft«. Dadurch bedingt kann man nach dem Fasten mit sehr kleinen Essensportionen auskommen und falls man es dabei beläßt, sein Ernährungsverhalten ändern, verbessern und korrigieren. Der Einstieg in eine vollwertige Reduktionskost fällt sehr viel leichter und eine langfristige Gewichtsreduktion erscheint eher möglich. Gefragt ist auch hier natürlich Eigenmotivation, Disziplin und Selbstkontrolle.

Wer sollte unter klinischer Aufsicht fasten?

Patienten mit sehr großem Übergewicht, mit ernährungsabhängigen Stoffwechselstörungen (Diabetes, Fettstoffwechselstörungen und Gicht), Lebererkrankungen, Bluthochdruck, nach Herzerkrankungen, Durchblutungsstörungen, verschiedenen rheumatischen und psychosomatischen Erkrankungen sollten sich zum Fasten unbedingt in eine Fachklinik begeben. Auch soll jeder Patient, der sich in ärztlicher Behandlung befindet, der Medikamente einnimmt und sich körperlich unwohl fühlt, mit seinem behandelnden Arzt abstimmen, ob eine Fastentherapie in Eigenregie oder stationär sinnvoll erscheint.

Wer darf nicht fasten?

Unterernährte, körperlich und geistig erschöpfte Menschen. Menschen nach schweren Operationen. Menschen, die unter starken persönlichen und beruflichen Streßfaktoren leiden. Menschen, die lebenswichtige Medikamente einnehmen (Insulin bei Diabetikern, Blutverdünnungsmittel oder andere).

Argumente gegen das Fasten

Das Schlimmste, das uns beim Fasten begegnet, sind die oft gut gemeinten Ratschläge unserer Mitmenschen. Da tönt es: Du wirst noch verhungern – Du wirst dadurch nur erkranken – Du wirst Dir körperlich schaden – Du kannst keine Leistungen (Arbeit) mehr erbringen.
Es gibt auch Ärzte, die das Fasten verdammen und ihre Patienten vor schwerwiegenden Folgen warnen oder aber den Lerneffekt auf ein verändertes Eßverhalten anzweifeln.

Argumente für das Fasten

Der Mensch kann sehr lange ohne Nahrung leben – nicht jedoch ohne Flüssigkeit! Eine Flüssigkeitsaufnahme von mindestens 2,5 bis 3 Liter Mineralwasser oder Tee am Tag ist unabdingbar. Wenn man die Fastenliteratur studiert, wird man feststellen, daß sich das Fasten auf den größten Teil der Patienten positiv ausgewirkt hat. Abgesehen von der Gewichtsabnahme besserten sich Blutdruck, Blutwerte und viele andere Beschwerden und Krankheiten bedeutend. Auch sind in Gebieten und Zeiten mit Nahrungsknappheit die ernährungsbedingten Erkrankungen in der Bevölkerung weit weniger ausgeprägt als in Zeiten des Wohlstandes. Das Fasten war und ist bei vielen Völkern unserer Erde und in vielen Religionen Bestandteil unseres Daseins. Viele unserer bedeutendsten Philosophen, Maler und Dichter haben in Fastenzeiten geistige Höchstleistungen vollbracht. Auch in der Tierwelt gehört Fasten zum Bestandteil des Lebens. Wir kennen den Bär, der sich im Herbst seinen Winterspeck anfrißt, um den langen Winter in seiner Höhle zu verbringen, das Murmeltier oder auch das Kamel, die lange Hunger- und Durstperioden überstehen.

Wie oft und wie lange soll bzw. kann man fasten?

Es gibt keine exakten Bestimmungen, wie lange ein Mensch fasten kann. Durch Messungen von Körpergröße und Gewicht und fortlaufende Gewichtskontrolle wird man eine ungefähre Bestimmung machen können. Anfang des 20. Jahrhunderts sind in Irland zwei normalgewichtige Häftlinge nach 60 bzw. 70tägiger Nahrungsverweigerung gestorben. In Österreich wurde ein 18jähriger Häftling von seinen Wärtern schlicht vergessen und wurde erst nach 18 Tagen wiederentdeckt. Er war in dieser Zeit sehr stark abgemagert, ohne gesundheitliche Schäden davonzutragen. In unserer Klinik ist es üblich, die Patienten mindestens eine Woche, bei starkem Übergewicht bis zu vier Wochen fasten zu lassen. Extremfall war ein stark übergewichtiger Patient, der zwei Monate gefastet hatte, danach einen Monat mit einer 800-kcal-Vollwertkost ernährt wurde und dabei 30 kg abgenommen hatte.
Zu Hause in Eigenregie kann man bis zu zwei Wochen fasten. Längere Fastenperioden ohne Kontrolle durch einen Arzt erscheinen mir nicht sinnvoll. Bis zu zweimal pro Jahr kann man ein Heilfasten zu Hause ansetzen. Öftere Fastenperioden sind meiner Meinung nach dem Körper nicht zuträglich, da ein ständiges Auf und Ab (Jo-Jo-Effekt) den Lebensrhythmus zu stark stört.

Fasten im Alleingang

Sicher ist das Fasten in der Gruppe am angenehmsten, man motiviert und kontrolliert sich gegenseitig und hat oftmals Spaß dabei. Das Fasten im Alleingang geschieht am besten im Urlaub. Man muß die nötige Ruhe, vielleicht sogar Abgeschiedenheit haben, sollte keinerlei Probleme mit der Familie oder dem häuslichen Alltag haben und benötigt natürlich Mut und Selbstdisziplin, um ein bis zwei Wochen Nahrungsverzicht zu leisten. Falls Sie in der Familie fasten, müssen Sie von

Ihren Familienmitgliedern den nötigen Respekt und Rückhalt bekommen. Nehmen Sie sich Zeit für sich selbst. Betreiben Sie eine ausführliche Körperpflege, bewegen Sie sich viel in der frischen Luft, gönnen Sie sich Bürstenmassagen mit einer Badebürste oder einem Massagehandschuh und machen Sie täglich zwei- oder dreimal 5 Minuten Gymnastik. Wollten Sie nicht schon lange ein gutes Buch lesen, Briefe schreiben, Gedichte verfassen, Aquarelle malen, durch Meditation zu sich selbst finden, oder vieles mehr? Nehmen Sie sich mehr Zeit und denken Sie einmal nur an sich.

Grundregeln des Fastens

1. Nehmen Sie keine feste Nahrung zu sich.
2. Trinken Sie mindestens 2,5–3 Liter Flüssigkeit am Tag. Tee, Mineralwasser, Heilwasser, Gemüse- oder Obstsäfte.
3. Versuchen Sie, auf Genußgifte wie Kaffee (Coffein), Nikotin und Alkohol zu verzichten. Achtung: Vorsicht bei Alkohol; da Sie keine feste Nahrung zu sich nehmen, kann schon die kleinste Menge Alkohol verheerende Folgen haben (Straßenverkehr!).
4. Vermeiden Sie entbehrliche Medikamente wie Abführmittel, Kopfschmerztabletten, Appetitzügler u. ä. Sprechen Sie auf jeden Fall mit Ihrem Arzt!
5. Tun Sie das, wonach Ihr Körper verlangt. Ruhen und schlafen Sie, wenn der Körper erschöpft ist. Wandern Sie oder treiben Sie Sport, wenn Sie das Bedürfnis danach haben.
6. Betreiben Sie intensive Körperpflege. Regelmäßiges Waschen und Duschen ist sehr wichtig, da Sie gerade beim Fasten starke Körperausdünstungen haben. Auch werden Sie verstärkt Mundgeruch haben. Putzen Sie häufig die Zunge und die Zähne. Lutschen Sie an Zitronenscheiben

oder kauen Sie Kaugummi. Auch das Kauen von Petersilie hat sich sehr gut bewährt.

7. Achten Sie auf gute und regelmäßige Verdauung. Zu Beginn des Fastens nehmen Sie zur Darmentleerung Glaubersalz. Dafür 30 g in ca. 0,5 l warmem Wasser auflösen und innerhalb von 10 Minuten trinken. Innerhalb der nächsten drei Stunden haben Sie mehrere durchfallartige Entleerungen.
   Während der Fastenzeit ist es normal, wenn Sie nur alle drei bis vier Tage Stuhlgang haben, da Sie ja sehr wenig Nahrung zu sich nehmen. Sollte es einmal nicht klappen, probieren Sie es morgens mit einem Glas Sauerkrautsaft oder nehmen Sie 2 TL Bittersalz in einem Glas lauwarmem Wasser aufgelöst zu sich. Die schonendste Art der Darmreinigung ist und bleibt aber der Einlauf. Kaufen Sie sich in der Apotheke einen Klistierbehälter oder Beutel mit Schlauch, füllen Sie ihn mit lauwarmem Wasser und machen Sie sich alle zwei Tage einen Einlauf.

8. Probleme beim Fasten?
   Das Wärmeempfinden verändert sich. Sie werden speziell im Winter beim Fasten leichter frieren. Ziehen Sie sich wärmer an und bringen Sie Ihren Kreislauf öfter in Schwung (Gymnastik).
   Die Sehschärfe kann sich verändern. Während der Fastenzeit läßt der Augendruck etwas nach. Das Schriftbild beim Lesen verschwimmt etwas. Nach der Fastenzeit normalisiert es sich sofort und man sieht genausogut wie zuvor.
   Die Reaktion und Konzentration läßt vereinzelt nach. Dieses tritt oft kurzzeitig ein und verschwindet sehr rasch wieder. Beim Autofahren, speziell bei langen Strecken, ist Vorsicht angesagt.
   Verändern sich die Blutwerte? Die Blutfettwerte (Cholesterin und Triglyzeride) sinken ab. Der HDL-Wert wird gegenüber dem LDL-Wert größer. Die Harnsäure steigt an, normalisiert sich aber nach der Fastentherapie sehr

schnell. Der Blutzuckerspiegel fällt ab und bleibt im unteren Grenzbereich. Auch bei großen körperlichen Anstrengungen (Fastenmarsch in Schweden) wurde keine Unterzuckerung beobachtet.
Verändern sich Monatsregel und sexuelle Potenz? Die Monatsregel kann sich durchaus geringfügig verschieben. Sie kann schwächer oder stärker ausfallen. Die Potenz kann sich vorübergehend vermindern, wird sich aber nach der Fastenzeit sehr schnell normalisieren.

9. Darf man während der Fastenzeit naschen? Ich kann mich an einen Patienten erinnern, der mir freudestrahlend erzählte: Ich habe mir in der Stadt eine Dose Sauerkraut gekauft und immer wenn ich Hunger verspüre, esse ich eine Portion Sauerkraut, das hat ja wenig Kalorien! Sicherlich hat Sauerkraut wenig Kalorien, aber sobald Sie feste Nahrung zu sich nehmen, haben Sie eine verstärkte Speichel- und Magensäfteproduktion und der Hunger wird sich sehr schnell einstellen. Erfahrungsgemäß wird man während der Fastenzeit keine Hungergefühle haben, wenn man keine feste Nahrung zu sich nimmt. Die hohe Flüssigkeitsaufnahme ist außerdem sehr hilfreich, Hungergefühle erst gar nicht aufkommen zu lassen.

Fasten in der Praxis

Als Einstieg in die Fastenwoche(n) wählen Sie einen oder zwei Entlastungstage. Dieses kann ein Obsttag sein, bei dem Sie 1–1,5 kg Obst über den Tag verteilt essen. Es darf aber auch für Magen- oder Darmempfindliche ein Reistag sein (Rezepte siehe Kapitel Entlastungstage). Versuchen Sie sich zu entspannen, bereiten Sie sich mental auf die Fastenwoche vor und versuchen Sie, Genußgifte zu meiden.

Der Fastentag:
Zu Beginn des Fastens benötigen wir eine gründliche Reinigung des Darmes. Dazu lösen Sie 30 g Glaubersalz in 0,5 l lauwarmem Wasser auf. Versuchen Sie, es ziemlich zügig auszutrinken (stark übergewichtige Patienten nehmen 40 g Glaubersalz auf 0,7 l Wasser). Sie werden in den nächsten 3 Stunden starke Durchfälle haben. Danach werden Sie sich sehr wohl fühlen und der Fastenalltag kann beginnen.

Morgens: Sie beginnen den Morgen mit mildem Tee nach Wahl, soviel Sie trinken mögen. Dazu dürfen Sie Zitronenschnitze auslutschen. Falls Sie unbedingt süßen müssen, nehmen Sie kleine Mengen Süßstoff, versuchen Sie aber, nach und nach Ihren Süßigkeitsbedarf nach unten zu korrigieren. Über den Tag verteilt dürfen Sie 20–30 g Honig lutschen. Dieser hilft besonders, falls Sie einmal einen »Durchhänger« haben oder sich für Ihr gutes Durchhaltevermögen belohnen wollen. Weiterhin nehmen Sie zum Frühstück 70 g Magerquark, den Sie mit 30 g Milch schaumig gerührt haben, zu sich und so haben Sie schon Ihre erste hochwertige Eiweißmahlzeit am Tag.

Vormittags dürfen Sie das Trinken nicht vergessen. Reichlich Mineralwasser oder Tee trinken ist angesagt.

Mittags: Nehmen Sie mittags $\frac{1}{4}$–$\frac{1}{3}$ l Fastensuppe, selbst zubereitet, zu sich (Sie können selbstverständlich auch die Fastensuppe am Abend und den Saft mittags genießen). Zur Fastensuppe nehmen Sie 1–2 EL frischgehackte Gartenkräuter. Eine Fastensuppe herzustellen, ist denkbar einfach. Faustregel: Pro Person $\frac{1}{4}$ l Wasser mit 100–120 g Kartoffeln und Gemüse gar kochen, mixen oder durch ein Sieb streichen und mit vegetarischer Streuwürze, Hefeflocken und Gewürzen nach Geschmack würzen.

Einige Beispiele:

Kartoffel-Lauch-Suppe: 250 g Wasser, 60 g Kartoffeln und 60 g Lauch.
Gewürz: vegetarische Streuwürze, Muskat, Dill, Petersilie

Möhrensuppe: 250 g Wasser, 120 g Möhren
Gewürz: Muskat, Hefeflocken, Dill, Schnittlauch

Kartoffel-Spinat-Suppe: 250 g Wasser, 60 g Kartoffeln, 40 g Spinat
Gewürz: vegetarische Streuwürze, Muskat, Pfeffer

Sellerie-Möhren-Suppe: 250 g Wasser, 60 g Sellerie, 40 g Möhren, 20 g Lauch
Gewürz: Hefeflocken, Meersalz, Pfeffer, Liebstöckel, Borretsch

Grüne Bohnen-Kartoffel-Suppe: 250 g Wasser, 60 g Bohnen, 60 g Kartoffeln
Gewürz: vegetarische Streuwürze, Pfeffer, Muskatblüte, Bohnenkraut, Liebstöckel

Zucchini-Tomaten-Suppe: 250 g Wasser, 60 g Zucchini, 100 g Tomate
Gewürz: Meersalz, Knoblauch, Pfeffer, Basilikum, Oregano

Tomatensuppe: 250 g Wasser, 150 g Tomaten, 20 g Tomatenmark

Gewürz: vegetarische Streuwürze, Pfeffer, Petersilie, Basilikum
Tip: Streichen Sie die Tomatensuppe nur durch ein Sieb, so schmeckt sie noch besser als gemixt.

Sie sehen, Fastensuppen herzustellen ist kinderleicht. Sie können viele weitere Kombinationen selbst zusammenstellen und außer Frischgemüse auch Tiefkühlgemüse verwenden.
Mein spezieller Tip: Falls Sie alleine fasten, Ihre Familie aber normal ißt, probieren Sie es einmal, die Fastensuppe für Ihre Familie mit Butter und Sahne anzureichern. Sie wird begeistert sein.
Für Menschen mit Magenproblemen bietet sich das Haferschleim- oder Reisschleimfasten an. Pro Portion nehmen Sie knappe 400 g Wasser, 3 EL Haferflocken oder Reis. Weichkochen und durch ein Sieb passieren und je nach Geschmack würzig oder süß abschmecken.

Nachmittags: Am Nachmittag dürfen Sie 150 g Magerjoghurt essen. Auch hier wieder ans Trinken denken.

Abends: Am Abend nehmen Sie ¼ Liter frisch gepreßten Saft im Wechsel. Sie können aber auch hochwertige Obst- und Gemüsesäfte aus dem Reformhaus verwenden. Lassen Sie nun den Tag Revue passieren, stellen Sie fest, ob Sie genug Flüssigkeit zu sich genommen haben und trinken Sie am Abend noch reichlich. Wichtige Regel: Mindestens 2,5–3 Liter Flüssigkeit!
Für diejenigen, die auch beim Fasten unbedingt wissen müssen, wieviele Kalorien sie zu sich genommen haben, nachfolgend die Berechnung eines Fastentages:

	g	kcal	Joule
Tee oder Mineralwasser		ohne Berechnung	
Honig	20	63	263
Quark (Magerstufe)	70	53	223
Kartoffel-Lauch-Suppe		59	247
Joghurt, entrahmt	150	63	164
Mohrrübensaft	250	163	678

kcal	kJ	E	F	KH	CH	HS	Ca	Mg	Fe	Vit. B_1	Vit. C	BE
		g	g	g	mg	mg	mg	mg	mg	mg	mg	
412	1721	24,7	1,7	68,7	1,7	107	589	145	4,97	0,39	43,4	1,5

Ende des Fastens

Das Ende des Fastens wird mit dem traditionellen Fastenbrechen eingeleitet. Danach folgen noch 2 Aufbautage, in denen der Körper langsam an eine feste Kost gewöhnt wird. Anschließend gehen wir zu einer ernährungsphysiologisch optimal zusammengestellten 1200-kcal-Kost über (siehe die 40 Tagespläne in diesem Buch). Wichtig ist, daß wir uns sehr viel Zeit zum Essen nehmen, gründlich kauen und einspeicheln, und nicht während der Arbeit, dem Fernsehen oder der Zeitungslektüre nebenbei essen. Spätestens nach dem dritten Tag sollte die Verdauung wieder normal funktionieren, sonst sollte man noch einmal einen Einlauf machen. Die Flüssigkeitsmenge können Sie nun auf 2 Liter pro Tag reduzieren.

Der Speiseplan der Aufbautage

FASTENBRECHEN:

Frühstück: Tee und Quark (siehe Fasten)

Mittags: Ein mit Zimt und Zitronensaft gedünsteter geschälter Apfel.

Nachmittags: 150 g Naturjoghurt

Abends: Eine unpassierte Gemüse-Kartoffel-Suppe
150 g Gemüse und Kartoffeln in kleine Würfel schneiden und in 250 g Wasser gar kochen. Mit vegetarischer Streuwürze, Muskat, Pfeffer und Kräutern abschmecken. 250 g Grapefruitsaft

kcal	kJ	E	F	KH	CH	HS	Ca	Mg	Fe	Vit. B_1	Vit. C	BE
		g	g	g	mg	mg	mg	mg	mg	mg	mg	
507	2120	22,3	1,7	88,0	1,7	153	466	124	3,61	0,44	174,1	4,5

1. AUFBAUTAG

Frühstück: Tee, angerührter Magerquark (siehe Fasten), 2 am Vortag eingeweichte Backpflaumen

Mittags: 150 g gedünstete Möhren ohne Fett, 80 g Pellkartoffeln

Nachmittags: 150 g Naturjoghurt

Abends: 100 g angerührter Quark mit Kräutern, 150 g Pellkartoffeln. 250 g Orangensaft

kcal	kJ	E	F	KH	CH	HS	Ca	Mg	Fe	Vit. B_1	Vit. C	BE
		g	g	g	mg	mg	mg	mg	mg	mg	mg	
700	2935	38,3	2,1	117,1	2,9	166	703	195	5,95	0,8	209,4	6

2. Aufbautag

Frühstück: Tee und 100 g Sauerkrautsaft, 2 eingeweichte Pflaumen und angerührter Quark aus 70 g Magerquark und 30 g Milch, 2 Scheiben Knäckebrot und 5 g Butter oder Reformhausmargarine

Mittags: Blattsalat und Möhrenrohkost: 20 g Blattsalat, 80 g Möhren, 10 g Zitronensaft, 10 g Sonnenblumenöl und Kräuter.

Gemüseauflauf mit Pellkartoffeln: 120 g verschiedene gedünstete Gemüse nach Wahl in ein feuerfestes Förmchen geben. 1 Hühnerei mit der gleichen Menge Milch aufschlagen, mit Meersalz, Muskat, Pfeffer und Kräutern würzen und über die Gemüse geben. Im Ofen bei 200° C stocken lassen. Dazu 160 g Pellkartoffeln servieren.

Nachmittags: 100 g reifer Apfel

Abends: 2 Scheiben Knäckebrot mit 5 g Butter oder Reformhausmargarine bestreichen, 20 g Frischkäse, dazu 150 g Tomaten und Frischgurkenscheiben

kcal	kJ	E	F	KH	CH	HS	Ca	Mg	Fe	Vit. B_1	Vit. C	BE
		g	g	g	mg	mg	mg	mg	mg	mg	mg	
869	3630	38,2	29,2	96,5	321,8	296	549	210	8,49	0,75	127,8	5,5

Entlastungstage

Die einfache Art der Gewichtskontrolle für den Berufstätigen und den Urlauber

Entlasten bedeutet nichts anderes als den Körper mit wenig, aber vitamin- und mineralstoffreicher Nahrung zu versorgen. Genausogut könnte man diese Tage Fast- bzw. Abstinenztage nennen. Gerade für den Geschäftsmann, der anstrengende Verhandlungen und üppige Geschäftsessen hinter sich hat, für den Urlauber, der über seine Verhältnisse (körperlich und finanziell) gelebt hat und natürlich die berufstätige Hausfrau, die einmal ausspannen möchte, bieten sich nachfolgende Entlastungstage an. Auch für die Menschen, die sich nicht ans Heilfasten wagen bzw. denen es zu mühsam ist, eine vollwertige Reduktionskost zuzubereiten, sind diese Entlastungstage die Alternative. Selbstverständlich sollte man an diesen Tagen auf Genußgifte wie Alkohol, Süßigkeiten und wenn möglich auf Kaffee und Nikotin verzichten. Und wenn Sie dann pro Woche einen, zwei, drei oder mehr Entlastungstage eingelegt haben, so werden Sie am Wochenende überrascht sein, wie gut Sie abgenommen haben. Sie werden sich wohl fühlen und auch leistungsfähiger sein, da Ihr Körper nicht die zu fette und zu süße Nahrung bekommen hat, die Sie ihm sonst zugemutet haben.
Wichtige Regel: Bei der Zubereitung dieser Rezepte sollten Sie mit Salz und salzhaltigen Gewürzen sehr sparsam umgehen. Auch Fett sollten Sie nicht verwenden, mit Ausnahme von einem guten Salatöl in kleinen Mengen beim Salattag.

Beispiele für Entlastungstage:

Obsttag:

Bei einem Obsttag ca. 1,5 kg Obst über den Tag verteilt essen; z. B. 200 g Äpfel, 300 g Orangen, 300 g Erdbeeren, 300 g Himbeeren, 200 g Kiwi, 200 g Birnen.

kcal	kJ	E	F	KH	BST	CH	gFS	uFS	muFS	Vit. A	Vit. B_1	Vit.C	BE
		g	g	g	g	mg	mg	mg	mg	µg	mg	mg	
666	2804	12,5	5,3	125,0	48,6	0,0	765	947	2736	1536	0,58	594	10

Reistag:

Beispiel:

- Morgens: 50 g Reis ohne Salz kochen. Mit dem Saft einer Orange, einem halben gewürfelten Apfel, einigen halbierten Trauben und etwas Süßstoff vermengen und kalt servieren.
- Mittags: 1 Karotte und etwas Sellerie kochen und in Würfel schneiden. 50 g Reis kochen. Mit den Gemüsewürfeln, etwas Gemüsebrühe, 2 gewürfelten Tomaten vermengen und mit Oregano, Petersilie, Schnittlauch würzen und heiß servieren.
- Abends: 50 g Reis kochen, mit etwas Gemüsebrühe und gewürfeltem Gemüse (nach Wahl) vermengen und mit Curry abschmecken.

kcal	kJ	E	F	KH	BST	CH	gFS	uFS	muFS	Vit. A	Vit. B_1	Vit.C	BE
		g	g	g	g	mg	mg	mg	mg	µg	mg	mg	
725	3023	19,2	4,5	140,3	20,5	0,0	1090	913	1813	12591	1,01	202,2	12

HAFERTAG:

- Morgens: 40 g Haferflocken (grob) mit 400 g Wasser und einer Prise Salz aufkochen. 100 g feingeriebenen Apfel unterziehen und mit Süßstoff, Zimt und Zitronensaft abschmecken.
- Mittags: 40 g Haferflocken (grob) mit 400 g Wasser und vegetarischer Streuwürze aufkochen. 100 g feingeriebene Möhren unterziehen und mit Petersilie bestreuen.
- Abends: 40 g Haferflocken (grob) mit 400 g Wasser und einer Prise Salz kochen. Eine Orange (150 g) schälen und würfeln und in den Haferbrei geben. Mit Süßstoff und Zitronensaft abschmecken.

kcal	kJ	E	F	KH	BST	CH	gFS	uFS	muFS	Vit. A	Vit. B_1	Vit.C	BE
		g	g	g	g	mg	mg	mg	mg	µg	mg	mg	
615	2568	19,2	9,4	103,0	17,0	0,0	8114	128	487	9905	0,96	113,5	8

KARTOFFELTAG:

- Morgens: 20 g Knäckebrot, 30 g Magerquark, Tee
- Mittags: 250 g Pellkartoffeln, 200 g Möhrengemüse, gedünstet, reichlich frische Kräuter
- Abends: 200 g Pellkartoffeln, 200 g Tomatensalat, frische Kräuter, 1 EL Essig, 1 TL Sonnenblumenöl

kcal	kJ	E	F	KH	BST	CH	gFS	uFS	muFS	Vit. A	Vit. B_1	Vit.C	BE
		g	g	g	g	mg	mg	mg	mg	µg	mg	mg	
596	2495	19,7	6,7	103,7	23,6	0,2	899	1157	3634	20170	0,81	148,2	6,5

GEMÜSETAG:

- Morgens: 20 g Knäckebrot, 30 g Magerquark, Tee
- Mittags: 500 g Gemüse nach Wahl, gedünstet, z. B. 150 g Möhren, 150 g Blumenkohl, 200 g Bohnen; frische Kräuter; 5 g Margarine zum Bepinseln
- Abends: 500 g Gemüse nach Wahl, gedünstet, z. B. 200 g Zucchini, 100 g Sellerie, 200 g Möhren; frische Kräuter; 5 g Margarine zum Bepinseln

kcal	kJ	E	F	KH	BST	CH	gFS	uFS	muFS	Vit. A	Vit. B_1	Vit.C	BE
		g	g	g	g	mg	mg	mg	mg	µg	mg	mg	
400	1666	22,3	11,0	46,7	29,2	0,2	2329	1625	5326	32829	0,68	157,6	1

SALATTAG:

- Morgens: 100 g Apfel, 150 g Pampelmuse
- Mittags: Salate nach Wahl, reichlich Kräuter, 1 EL Öl, Zwiebel, Knoblauch
- Abends: Salate nach Wahl, reichlich Kräuter, 1 EL Öl, Essig (Zitronensaft), Zwiebel, Knoblauch

Zum Beispiel für den ganzen Tag: 1 Kopfsalat, 200 g Tomaten, 200 g Karotten, 200 g Rettich, 50 g Sprossen

kcal	kJ	E	F	KH	BST	CH	gFS	uFS	muFS	Vit. A	Vit. B_1	Vit.C	BE
		g	g	g	g	mg	mg	mg	mg	µg	mg	mg	
477	1989	12,8	22,3	48,8	20,5	0,0	2547	4184	12159	22965	0,65	250,6	2

Kalorienarme Getränke

Da es sehr wichtig ist, pro Tag 1,5–2 Liter Flüssigkeit zu sich zu nehmen, damit der Körper durchspült wird und eine gute Verdauung gewährleistet ist, hier ein paar kalorienarme Getränkevorschläge für diejenigen, denen Mineralwasser und »einfacher« Tee zu anspruchslos sind.

Mineralwasser mit Himbeeren

20 g Himbeeren
250 g Mineralwasser
1 TL Zitronensaft
Süßstoff

Himbeeren durch ein Sieb drücken und in ein Glas geben. Mit Mineralwasser auffüllen und mit Zitronensaft und wenig flüssigem Süßstoff abschmecken.

Fruchtiges Mineralwasser

½ Orange mit Schale, ca. 80 g (= 0,5 BE)
1 TL Zitronensaft
100 g Sanddornsaft, ungezuckert
Mineralwasser

Orange auspressen und mit Zitronen- und Sanddornsaft vermengen. Mit Mineralwasser auffüllen und gekühlt servieren.

Kräuterwasser

10 Sauerampferblätter
4–5 Löwenzahnblätter
1 Stengel Minze
Mineralwasser

Kräuterblätter in der Moulinette fein mixen und mit Mineralwasser auffüllen.

Mineralwasserpunsch

$^1/_8$ l trockener Rotwein
1 Beutel Glühweingewürz
Süßstoff
Mineralwasser
2 Zitronenscheiben

Rotwein erwärmen und Glühweingewürz 15 Minuten darin ziehen lassen. Abkühlen lassen und mit etwas Süßstoff abschmekken. Mit Mineralwasser auffüllen und mit Zitrone garnieren.

Schwarzer Tee mit Früchten

Ceylon oder Assam Tee
1 Zitronenecke
Süßstoff
80 g Wassermelone
70 g Pfirsiche

Den Tee nach Geschmack aufbrühen, abkühlen lassen und mit Zitronensaft und Süßstoff abschmecken. Melone und Pfirsich in Würfel schneiden und in den Tee geben. Gut gekühlt servieren.

Weitere Teekombinationen ohne Kalorien:

Fenchel-Anis-Kümmeltee, Melissen-Apfelfruchttee, Hagebutten-Apfelfruchttee, Pfefferminz-Kamille, Apfelfruchttee-Maracuja-Orange, Malventee-Hagebutte, Lindenblüten-Kräutermischung, Schwarztee-Hagebutte

Die Teekombinationen schmecken auch kalt sehr gut. Gewöhnen Sie sich daran, sparsam mit Süßstoff zu süßen. Noch besser ist es, wenn Sie ganz darauf verzichten.

Mixgetränke als Zwischenmahlzeit

Melonen-Milch

50 g Honigmelone (= 0,5 BE)
120 g Milch (1,5 %) (= 0,5 BE)
1 TL Zitronensaft
Süßstoff
Zitronenmelisse

Honigmelone mit Milch mixen und mit Zitronensaft und Süßstoff abschmecken. In hohem Glas gut gekühlt servieren und mit Zitronenmelisse garnieren.

kcal	kJ	E	F	KH	BST	CH	gFS	uFS	muFS	Vit. A	Vit. B_1	Vit.C	BE
		g	g	g	g	mg	mg	mg	mg	µg	mg	mg	
94	396	4,3	4,3	8,5	0,7	14,0	2590	1283	206	148	0,07	7,6	1

Buttermilch mit Radieschen

50 g Radieschen
300 g Buttermilch (= 1 BE)
Meersalz, Pfeffer
Angostura
10 g Radieschenblätter

Radieschen in der Moulinette fein zerhacken und mit der Buttermilch verrühren. Mit wenig Meersalz, Pfeffer und ein paar Tropfen Angostura pikant abschmecken und mit Radieschenblättern garnieren.

kcal	kJ	E	F	KH	BST	CH	gFS	uFS	muFS	Vit. A	Vit. B_1	Vit.C	BE
		g	g	g	g	mg	mg	mg	mg	µg	mg	mg	
117	492	11,0	1,6	13,4	0,6	9,0	929	465	83	28	0,11	16,4	1

Möhren-Joghurt

50 g Möhren
1 EL Schnittlauch
1 EL Petersilie
1 TL Dill
250 g Bioghurt (1,5 %) (= 1 BE)
Meersalz

Möhren fein raspeln, Schnittlauch schneiden, Petersilie und Dill hacken. Bioghurt glattrühren, die anderen Zutaten dazugeben und mit Meersalz abschmecken.

kcal	kJ	E	F	KH	BST	CH	gFS	uFS	muFS	Vit. A	Vit. B_1	Vit.C	BE
		g	g	g	g	mg	mg	mg	mg	µg	mg	mg	
144	597	9,4	3,9	15,0	2,0	13,0	2075	1028	220	5213	0,16	17,6	1

Sauerkrautdrink

120 g Bioghurt (= 0,5 BE)
50 g Sauerkrautsaft
50 g Apfelsaft (= 0,5 BE)

Bioghurt glattrühren und mit dem Sauerkrautsaft und dem frisch gepreßten Apfelsaft vermengen. Im Kelchglas gut gekühlt servieren.

kcal	kJ	E	F	KH	BST	CH	gFS	uFS	muFS	Vit. A	Vit. B_1	Vit.C	BE
		g	g	g	g	mg	mg	mg	mg	µg	mg	mg	
113	472	6,3	2,4	13,5	4,3	6,2	1112	538	404	57	0,09	20,1	1

Möhren-Hagebuttensaft

100 g Möhrensaft (= 0,5 BE)
30 g Hagebuttenmark, ungezuckert (= 0,5 BE)
100 g Apfelfruchttee, kalt
1 Zitronenscheibe

Möhrensaft mit dem Hagebuttenmark und dem Tee verrühren. Mit einer Zitronenscheibe garnieren.

kcal	kJ	E	F	KH	BST	CH	gFS	uFS	muFS	Vit. A	Vit. B_1	Vit.C	BE
		g	g	g	g	mg	mg	mg	mg	µg	mg	mg	
93	386	3,5	0,6	16,5	17,1	0,0	106	36	362	23729	0,1	430,6	1

Waldbeermix

150 g Buttermilch (= 0,5 BE)
80 g Beeren (= 0,5 BE)
(z. B. Himbeeren, Johannisbeeren, Holunderbeeren)
Süßstoff

Buttermilch und Beeren im Mixer mit etwas Süßstoff mixen, in ein Glas füllen und mit einigen Beeren bestreuen.

kcal	kJ	E	F	KH	BST	CH	gFS	uFS	muFS	Vit. A	Vit. B_1	Vit.C	BE
		g	g	g	g	mg	mg	mg	mg	µg	mg	mg	
85	360	6,5	1,0	11,0	5,3	4,5	474	256	203	123	0,08	24,2	1

Buttermilchkaltschale mit Orange

1 kleine ungespritzte Orange (= 0,5 BE)
100 g trockener Weißwein
Zimt
Süßstoff
150 g Buttermilch (= 0,5 BE)
1 TL Johannisbeeren
Zitronenmelisse

Die Orange hauchdünn schälen und die Schale in Streifen schneiden. Die Streifen im Weißwein unter Zugabe von wenig Zimt und Süßstoff garen und dabei um die Hälfte einkochen. Abkühlen lassen und mit der Buttermilch verrühren. 60 g

Orangenwürfel als Einlage hinzugeben und mit Johannisbeeren und Melisse garnieren.
Im Suppenteller servieren.

kcal	kJ	E	F	KH	BST	CH	gFS	uFS	muFS	Vit. A	Vit. B_1	Vit.C	BE
		g	g	g	g	mg	mg	mg	mg	µg	mg	mg	
153	642	6,2	0,9	13,3	1,6	4,5	483	266	84	68	0,1	35,2	1

Kefirmix mit Himbeeren

125 g Kefir (= 0,5 BE)
80 g Himbeeren (= 0,5 BE)
Süßstoff
1 TL gemahlene Nüsse
Minzestengel

Kefir mit Himbeeren mixen und mit Süßstoff abschmecken. Nüsse über den Mix streuen und mit dem Minzestengel garnieren.

kcal	kJ	E	F	KH	BST	CH	gFS	uFS	muFS	Vit. A	Vit. B_1	Vit.C	BE
		g	g	g	g	mg	mg	mg	mg	µg	mg	mg	
155	653	6,1	8,1	11,3	7,3	18,1	3086	3853	707	111	0,09	26,6	1

Sauerkraut-Rote-Bete-Saft mit Apfel

50 g Apfel (= 0,5 BE)
200 g Sauerkrautsaft
80 g Rote-Bete-Saft (= 0,5 BE)
Orangenscheibe
Zitronenmelisse

Apfel fein reiben und mit dem Sauerkraut- und Rote-Bete-Saft vermischen. Orangenscheibe und Zitronenmelisse als Garnitur verwenden.

kcal	kJ	E	F	KH	BST	CH	gFS	uFS	muFS	Vit. A	Vit. B_1	Vit.C	BE
		g	g	g	g	mg	mg	mg	mg	µg	mg	mg	
191	800	10,8	2,0	25,4	18,7	0,0	401	169	1131	130	0,11	67,6	1

Abwechslungsreiche Zwischenmahlzeiten oder kleine Abendessen

Die unkompliziertesten Zwischenmahlzeiten sind sicherlich Obst, Joghurt, Brot und Diabetiker-Zwieback bzw. -Kekse. Für diejenigen, denen das mit der Zeit zu eintönig wird, eine kleine Auswahl an Zwischenmahlzeiten, die abwechslungsreich, aber natürlich auch arbeitsaufwendiger sind.

Melonencocktail

100 g Honigmelone ohne Schale (= 1 BE)
20 g gekochter Schinken ohne Fett
30 g Champignons
50 g Joghurt (3,5 %)
1 Dillzweig
Zitronensaft
Meersalz, Pfeffer
Angostura
Sojasauce
Melonenscheibe und Dillzweig zum Garnieren

Melone in kleine Stücke schneiden und gut gekühlt in einer Glasschale anrichten. Schinken und frische Champignons würfeln und über die Melone geben.
Joghurt mit gehacktem Dill glattrühren und mit Zitronensaft, Salz, Pfeffer, ein paar Tropfen Angostura und Sojasauce abschmecken.

Den Dressing über der Melone verteilen und den Teller mit einer Melonenscheibe und einem Dillzweig garnieren.

kcal	kJ	E	F	KH	BST	CH	gFS	uFS	muFS	Vit. A	Vit. B_1	Vit.C	BE
		g	g	g	g	mg	mg	mg	mg	µg	mg	mg	
90	377	8,0	1,8	8,5	2,1	13,2	590	638	360	683	0,25	10,3	1

Melonenschnitze mit Sherry und Parmaschinken

20 g Parmaschinken ohne Fett
schwarzer Pfeffer
100 g Honigmelone ohne Schale (= 1 BE)
2 cl Sherry extra dry
1 Salatblatt

Auf einem großen Teller den Schinken kreisförmig anrichten und mit schwarzem Pfeffer bestreuen. Melone in Scheiben schneiden, in die Mitte setzen und mit Sherry beträufeln. Eventuell mit Eissalat garnieren.

kcal	kJ	E	F	KH	BST	CH	gFS	uFS	muFS	Vit. A	Vit. B_1	Vit.C	BE
		g	g	g	g	mg	mg	mg	mg	µg	mg	mg	
94	396	6,1	2,0	6,2	1,3	17,6	676	792	253	820	0,26	6,7	1

Frühlingsknäcke

20 g Vollkornknäckebrot (= 1 BE)
10 g Diätmargarine
50 g Gurke
100 g Tomate
20 g Radieschen
10 g Kresse
20 g Quark
Meersalz, Pfeffer

Knäckebrot mit Diätmargarine bestreichen. Gurke, Tomate und Radieschen in Scheiben schneiden und im Wechsel auf das Knäckebrot legen. Obenauf Kresse streuen und mit Quarktupfen garnieren. Mit Meersalz und Pfeffer leicht würzen.

kcal	kJ	E	F	KH	BST	CH	gFS	uFS	muFS	Vit. A	Vit. B_1	Vit.C	BE
		g	g	g	g	mg	mg	mg	mg	µg	mg	mg	
184	768	6,7	8,8	16,7	6,1	0,2	1887	1500	4166	1030	0,18	38,9	1

Tsatsiki

100 g Salatgurke
Schnittlauch
1 Knoblauchzehe
1 EL Schalottenwürfel
250 g Joghurt (= 1 BE)
Meersalz, Pfeffer

Salatgurke gründlich waschen und grob raspeln. Schnittlauch und Knoblauch fein schneiden, mit den Schalottenwürfeln unter den Joghurt rühren und mit Salz und Pfeffer würzen. Sehr kalt servieren.

kcal	kJ	E	F	KH	BST	CH	gFS	uFS	muFS	Vit. A	Vit. B_1	Vit.C	BE
		g	g	g	g	mg	mg	mg	mg	µg	mg	mg	
147	611	9,5	4,0	15,6	0,9	13,0	2120	1026	228	220	0,14	14,2	1

Dinkelsalat mit grünen Sonnenblumenkeimlingen

20 g Dinkel (= 1 BE)
60 g Aprikosen (= 0,5 BE)
50 g Apfel (= 0,5 BE)
50 g Staudensellerie
20 g grüne Sonnenblumenkeime
(ersatzweise Kresse)
1 EL Apfelessig
1 TL Sonnenblumenöl
Meersalz, Pfeffer
3 EL Gemüsebrühe
1 EL Schalottenwürfel

Dinkel über Nacht einweichen; 10 Minuten kochen und dann ausquellen lassen. Aprikosen, Apfel und Staudensellerie in Würfel schneiden. Den Dinkel und die Sonnenblumenkeime zugeben. Apfelessig mit Sonnenblumenöl, Meersalz, Pfeffer und Gemüsebrühe glattrühren, Schalottenwürfel zugeben. Den Dressing über den Salat geben und durchmischen.

kcal	kJ	E	F	KH	BST	CH	gFS	uFS	muFS	Vit. A	Vit. B_1	Vit.C	BE
		g	g	g	g	mg	mg	mg	mg	µg	mg	mg	
193	811	4,6	5,9	27,2	5,8	0,0	674	1114	3204	1057	0,18	15,8	2

Mein Tip: Es gibt heute viel Firmen, die qualitativ hochwertige Keime und Sprossen anbieten. Informieren Sie sich in Ihrem Reformhaus oder Alternativ-Laden. Es gibt heute die verschiedensten Keimgeräte im Handel mit genauen Anleitungen, wie Sie Ihre Sprossen und Keime selber ziehen können. Es lohnt sich: Die Keime schmecken nicht nur sehr gut (z. B. in Müslis, Salaten, Suppen), sie haben auch einen hohen Anteil an Vitaminen, Mineralstoffen und Enzymen.

Birne mit Gorgonzola und gerösteten Pinienkernen

100 g Birne (= 1 BE)
20 g Gorgonzola
20 g Magerquark
1 EL Milch (1,5 %)
1 TL Pinienkerne, geröstet

Eine vollreife Birne halbieren und das Kerngehäuse ausstechen. Gorgonzola mit einer Gabel zerdrücken und mit Quark und Milch glattrühren. In die Birnenhälften füllen und mit den Pinienkernen bestreuen.

kcal	kJ	E	F	KH	BST	CH	gFS	uFS	muFS	Vit. A	Vit. B_1	Vit.C	BE
		g	g	g	g	mg	mg	mg	mg	µg	mg	mg	
185	777	8,6	9,4	13,9	2,5	21,8	3942	2792	1354	54	0,09	5,3	1

Mein Tip: Alle Nüsse, Mandeln, Kerne wie z. B. Sonnenblumenkerne, Kürbiskerne, Sesam oder Leinsamen bekommen einen besonders guten Geschmack, wenn sie in einer Pfanne ohne Fett goldbraun angeröstet werden.

Gekeimte Kichererbsen in Kräuterdressing

20 g Kresse
50 g Bioghurt
1 TL Maiskeimöl
1 TL Zitronensaft
1 TL Sojasauce
Meersalz, Pfeffer
je 1 TL gehackte Petersilie, Sauerampfer und Pimpernelle
1 TL Zwiebelwürfel
25 g Kichererbsen, gekeimt (= 0,5 BE)
10 g Bündnerfleisch

Kresse auf einem Glasteller verteilen. Bioghurt mit Öl, Zitronensaft und Sojasauce glattrühren und mit Salz und Pfeffer würzen. Kräuter und Zwiebelwürfel zugeben und mit den gekeimten Kichererbsen vermengen. Auf der Kresse anrichten und mit kleinen Bündnerfleischwürfeln bestreuen.

kcal	kJ	E	F	KH	BST	CH	gFS	uFS	muFS	Vit. A	Vit. B_1	Vit.C	BE
		g	g	g	g	mg	mg	mg	mg	µg	mg	mg	
137	572	8,6	6,2	9,2	2,4	7,9	1003	1536	2869	1308	0,15	37,6	0,5

Lachstatar auf Vollkorntoast

40 g frischer Lachs
1 TL Schalottenwürfel
1 TL Dill
1 TL gewürfelte Cornichons
1 TL Staudenselleriewürfel
1 TL Zitronensaft
1 TL Cognac
Meersalz, Pfeffer
25 g Vollkorntoast (= 1 BE)
1 Dillzweig

Sehr frischen Lachs (oder anderen festfleischigen Fisch) mit scharfem Messer fein hacken und mit den restlichen Zutaten vermengen. Mit Salz und Pfeffer abschmecken und auf Vollkorntoast streichen. Mit Dill garnieren.

kcal	kJ	E	F	KH	BST	CH	gFS	uFS	muFS	Vit. A	Vit. B_1	Vit.C	BE
		g	g	g	g	mg	mg	mg	mg	µg	mg	mg	
175	738	10,5	6,5	12,7	1,5	13,1	1655	275	1682	137	0,12	5,8	1

Matjessalat auf Vollkorntaler

30 g Matjes
20 g Apfel
20 g Zwiebel
20 g Paprika
1 TL Dijon-Senf
1 TL Petersilie, gehackt
Pfeffer
30 g Vollkornbrot (= 1 BE)

Matjes, Apfel, Zwiebel und Paprika in feine Würfel schneiden und mit Dijon-Senf, Petersilie und Pfeffer gut vermengen. Wenn der Matjes sehr salzig ist, vorher kalt abwaschen. Vollkornbrot rund ausstechen und mit Matjessalat belegen.
Statt Matjes können Sie auch Bismarckhering oder Räucherfisch verwenden.

kcal	kJ	E	F	KH	BST	CH	gFS	uFS	muFS	Vit. A	Vit. B_1	Vit.C	BE
		g	g	g	g	mg	mg	mg	mg	µg	mg	mg	
177	744	14,6	4,8	15,5	5,0	8,8	1415	1039	1726	1,22	0,12	32,5	1

Lunchpakete für die Arbeitspause und die Reise

Für den Übergewichtigen ist das Kantinenessen bzw. das Menü im Restaurant oft zu schwer und kalorienreich. Deshalb habe ich ein paar Lunchpakete zusammengestellt, die, kalorienarm gestaltet, Ihnen für den Tag ausreichend Nährstoffe bieten. Mit einem optimalen Frühstück, z. B. Müsli, und einem kleinen, pikanten Abendessen dürfte Ihr Tagesbedarf damit gedeckt sein.

Lunchpaket 1

50 g Vollkornbrot mit 5 g Reformmargarine
und 20 g Hartkäse (30 %)
200 g Tomaten
100 g Kohlrabischeiben
1 l Mineralwasser

kcal	kJ	E	F	KH	BST	CH	gFS	uFS	muFS	Vit. A	Vit. B_1	Vit.C	BE
		g	g	g	g	mg	mg	mg	mg	µg	mg	mg	
258	1075	13,1	8,8	27,4	10	8,6	3029	1835	2582	1562	0,22	85,7	1,7

Lunchpaket 2

20 g Knäckebrot mit 5 g Reformmargarine
und 20 g gekochter Schinken ohne Fett
150 g Magerjoghurt
200 g Karotten
1 l Früchtetee

kcal	kJ	E	F	KH	BST	CH	gFS	uFS	muFS	Vit. A	Vit. B_1	Vit.C	BE
		g	g	g	g	mg	mg	mg	mg	µg	mg	mg	
280	1166	16,9	6,5	33,2	9,8	15,8	1603	1457	2569	18051	0,28	14,5	1,5

Lunchpaket 3

500 g Buttermilch
50 g Vollkornbrötchen
100 g Radieschen und 100 g Paprikaschote
1 l Mineralwasser

kcal	kJ	E	F	KH	BST	CH	gFS	uFS	muFS	Vit. A	Vit. B_1	Vit.C	BE
		g	g	g	g	mg	mg	mg	mg	µg	mg	mg	
323	1362	23,7	3,6	45,1	5,1	15,0	1725	903	698	210	0,38	140,0	3,7

Lunchpaket 4

50 g Vollkornbrot mit 30 g Hüttenkäse
100 g Tomaten
100 g Salatgurke
200 g Pflaumen
1 l Kräutertee

kcal	kJ	E	F	KH	BST	CH	gFS	uFS	muFS	Vit. A	Vit. B_1	Vit.C	BE
		g	g	g	g	mg	mg	mg	mg	µg	mg	mg	
301	1253	11,5	2,0	52,7	12,1	1,2	537	310	886	1295	0,3	42,3	4

Lunchpaket 5

50 g Knäckebrot mit 5 g Reformmargarine
und 20 g Corned beef
100 g Paprikaschote
150 g Apfel
1 l Mineralwasser

kcal	kJ	E	F	KH	BST	CH	gFS	uFS	muFS	Vit. A	Vit. B_1	Vit.C	BE
		g	g	g	g	mg	mg	mg	mg	µg	mg	mg	
220	923	8,0	6,4	29,2	8,7	14,0	1598	1277	2601	237	0,17	122,0	4

Lunchpaket 6

50 g Vollkornbrötchen mit
30 g Camembert (30 %)
200 g Tomaten
150 g Orange
1 l Malventee

kcal	kJ	E	F	KH	BST	CH	gFS	uFS	muFS	Vit. A	Vit. B_1	Vit.C	BE
		g	g	g	g	mg	mg	mg	mg	µg	mg	mg	
315	1307	15,9	4,4	46,5	10,5	6,0	1747	1013	960	1556	0,42	119,3	3

Lunchpaket 7

50 g Vollkornbrot mit 5 g Butter
150 g Banane
100 g Apfel
1 l Schwarzer Tee

kcal	kJ	E	F	KH	BST	CH	gFS	uFS	muFS	Vit. A	Vit. B_1	Vit.C	BE
		g	g	g	g	mg	mg	mg	mg	µg	mg	mg	
351	1460	6,4	5,8	62,4	13,7	12,0	2911	1449	965	385	0,17	26,5	4,5

Lunchpaket 8

50 g Vollkornbrot mit 5 g Margarine
und 10 g Bündnerfleisch
150 g Karotten
150 g Magerjoghurt
1 l Mineralwasser

kcal	kJ	E	F	KH	BST	CH	gFS	uFS	muFS	Vit. A	Vit. B_1	Vit.C	BE
		g	g	g	g	mg	mg	mg	mg	µg	mg	mg	
257	1073	14,1	5,7	32,6	9,5	8,2	1324	1133	2446	13542	0,22	11,6	2,5

Rund um den Salat

Gerade bei ernährungsabhängigen Krankheiten sowie bei Übergewicht sind Salate jeder Art besonders wichtig. Sie sind kalorienarm, ballaststoffreich und bieten unserem Körper eine Vielzahl an Vitaminen und Mineralstoffen. Zu jeder Jahreszeit gibt es ein reichhaltiges Angebot, aus dem Sie auswählen können.

Besonders wichtig: Frische und Qualität sind oberstes Gebot. Bringen Sie Abwechslung in Ihre Küche. Mit ein wenig Phantasie wird es Ihnen keine Schwierigkeiten bereiten, selber neue Salatkombinationen zu schaffen. Bedenken Sie, auch das Auge ißt mit. Achten Sie bei Ihren Salaten auf schöne Farbzusammenstellungen und appetitliche Präsentation. In diesem Buch habe ich bewußt ungewöhnliche Salatrezepturen ausgewählt, da ich davon ausgehe, daß die Zubereitung einfacher Salate heute für niemanden mehr ein Problem darstellt.

Eine kleine Zutatenauswahl für Ihre Salate und Salatsaucen:

- Kräuter und Gewürze wie: Petersilie, Schnittlauch, Dill, Borretsch, Kerbel, Kresse, Sauerampfer, Pimpernelle, Bohnenkraut, Liebstöckel, Zitronenmelisse, Meerrettich, Pfeffer und viele Wildkräuter wie Bärlauch, Brennesselspitzen, Gänseblümchen
- Zitronensaft, Kräuter- oder Obstessig, Weißwein- oder Rotweinessig, Aceto Balsamico
- Fettarmer Joghurt, Buttermilch, Dickmilch, Kefir und Quark
- Naturbelassene, kaltgepreßte Öle haben einen hohen Anteil an ungesättigten Fettsäuren und Fettvitaminen und eignen sich in kleinen Mengen (hoher Kalorienwert) hervor-

ragend für Ihre Salate: z. B. Sonnenblumen-, Soja-, Distel- (Saflor), Maiskeim-, Oliven- und Nußöle

- Schalotte, Zwiebel, Zwiebellauch und Knoblauch
- Keime und Sprossen (hoher Vitamingehalt)
- Nüsse und Samen in kleinen Mengen (hoher Kalorienwert)
- Senf, Miso, Tofu, Hagebuttenmark, Sanddornsaft und -mark (ungezuckert), Apfel- und Birnendicksaft in kleinen Mengen, Süßstoff flüssig, Vollmeersalz und Sojasauce

Spezialsalatgewürz

400 g Zwiebelpulver
80 g Knoblauchpulver
10 g schwarzer Pfeffer, geschrotet
20 g weißer Pfeffer, gemahlen
20 g Schnittlauch, getrocknet
10 g Petersilie, getrocknet
10 g Dill
6 g Kerbel
4 g Estragon
6 g Senfpulver
6 g Selleriesalz
40 g Salz
4 g Majoran
6 g Liebstöckel

Alle Gewürze und Kräuter vermengen und trocken aufbewahren.

Pikanter Rotweindressing

2 schwarze Oliven
1 Knoblauchzehe
1 Basilikumzweig
1 TL Schalottenwürfel
1 EL Rotweinessig
1 TL Olivenöl
Meersalz, Pfeffer

Oliven und Knoblauch in feine Würfel schneiden, Basilikumblätter grob schneiden und mit den übrigen Zutaten verrühren.

kcal	kJ	E	F	KH	BST	CH	gFS	uFS	muFS	Vit. A	Vit. B_1	Vit.C	BE
		g	g	g	g	mg	mg	mg	mg	µg	mg	mg	
63	260	0,4	5,6	1,8	0,2	0,0	748	3621	479	16	0,0	0,08	0

Kräutersenfsauce

½ TL Senf
1 EL Kräuteressig
2 EL Gemüsefond
1 TL Sonnenblumenöl
2 EL gemischte, gehackte Kräuter nach Geschmack
Pfeffer

Alle Zutaten zusammen verrühren.

kcal	kJ	E	F	KH	BST	CH	gFS	uFS	muFS	Vit. A	Vit. B_1	Vit.C	BE
		g	g	g	g	mg	mg	mg	mg	µg	mg	mg	
55	233	0,8	5,2	0,6	0,6	0,0	535	1132	2807	842	0,04	19,4	0

Joghurtsauce mit frischen Kräutern

40 g Joghurt (1,5 %)
1 TL Zitronensaft
1 TL Sojasauce
1 EL frischgehackte Kräuter nach Geschmack
Pfeffer
1 TL Hagebuttenmark (ungezuckert)

Alle Zutaten zusammen verrühren.

kcal	kJ	E	F	KH	BST	CH	gFS	uFS	muFS	Vit. A	Vit. B_1	Vit.C	BE
		g	g	g	g	mg	mg	mg	mg	µg	mg	mg	
36	145	3,0	0,2	4,1	3,5	0,1	59	51	160	666	0,05	143,1	0

Dickmilchsauce mit Sanddorn und Orangen

40 g Dickmilch
65 g Orangenwürfel (= 0,5 BE)
1 EL Sanddornsaft
Süßstoff nach Geschmack
Meersalz, Pfeffer
5 g Haselnüsse, geröstet

Alle Zutaten zusammen verrühren.

kcal	kJ	E	F	KH	BST	CH	gFS	uFS	muFS	Vit. A	Vit. B_1	Vit.C	BE
		g	g	g	g	mg	mg	mg	mg	µg	mg	mg	
73	304	2,2	2,6	8,6	1,7	5,6	999	621	766	184	0,08	48,9	0,5

Kefir-Zitronendressing

40 g Kefir
1 EL Zitronensaft
1 TL Sonnenblumenöl
Meersalz, Pfeffer
1 EL Petersilie, gehackt
1 TL Mandeln, geröstet

Alle Zutaten zusammen verrühren.

kcal	kJ	E	F	KH	BST	CH	gFS	uFS	muFS	Vit. A	Vit. B_1	Vit.C	BE
		g	g	g	g	mg	mg	mg	mg	µg	mg	mg	
91	379	2,6	7,1	2,7	1,1	5,8	1490	1818	2935	434	0,05	15,4	0

Mein Tip: Hacken Sie im Sommer Ihre Lieblingskräuter, drükken Sie diese Kräuter in den Eiswürfelbehälter und geben Sie etwas kalten Gemüsefond darüber. Einfrieren, die Würfel auslösen und in einem Plastiksack im Tiefkühlfach deponieren. So haben Sie den ganzen Winter über Kräuter zur Hand. Oder Sie mischen die Kräuter mit etwas Meersalz und bedecken Sie mit einem guten Öl. An einen dunklen, kühlen Ort im Keller aufbewahren.

Würziger Tofudressing

30 g Tofu
30 g Gemüsefond
1 TL Miso
1 EL Sojasauce
1 EL Kräuteressig
1 Knoblauchzehe
$\frac{1}{2}$ TL Meerrettich
1 TL Nußöl

Tofu zusammen mit den anderen Zutaten im Mixer pürieren oder den Tofu mit einer Gabel verdrücken und die restlichen Zutaten unterrühren.

kcal	kJ	E	F	KH	BST	CH	gFS	uFS	muFS	Vit. A	Vit. B_1	Vit.C	BE
		g	g	g	g	mg	mg	mg	mg	µg	mg	mg	
82	338	3,3	6,5	1,6	0,9	0,0	518	3704	1279	15	0,03	6,2	0

Quark-Cocktailsauce mit gerösteten Mandeln

30 g Quark
2 EL Milch
1 TL Tomatenmark
½ TL Meerrettich
1 TL Sojasauce
Meersalz, Pfeffer
1 TL Cognac
1 TL geröstete Mandeln

Alle Zutaten zusammen verrühren.

kcal	kJ	E	F	KH	BST	CH	gFS	uFS	muFS	Vit. A	Vit. B_1	Vit.C	BE
		g	g	g	g	mg	mg	mg	mg	µg	mg	mg	
69	289	6,3	1,5	3,4	1,4	2,5	541	633	250	73	0,06	5,7	0

Schnittlauchsauce mit gekochtem Ei

½ TL Senf
1 TL Essig
1 TL Sonnenblumenöl
1 TL Zwiebelwürfel
Meersalz, Pfeffer
1 TL Schnittlauchröllchen
2 EL Gemüsebrühe
½ Hühnerei, gekocht

Senf mit Essig und Öl glattrühren, Zwiebelwürfel, Salz, Pfeffer und reichlich Schnittlauch zugeben. Mit etwas Gemüsebrühe verdünnen und das gehackte Ei in die Sauce geben.

kcal	kJ	E	F	KH	BST	CH	gFS	uFS	muFS	Vit. A	Vit. B_1	Vit.C	BE
		g	g	g	g	mg	mg	mg	mg	µg	mg	mg	
98	409	3,8	8,0	1,0	0,4	145,0	1412	2265	3229	173	0,05	2,8	0

Rohkostfondue

Staudensellerie, Möhren, Gurken, Rettich, Paprika, Tomaten in gleichmäßig mundgerechte Stücke schneiden. Kopfsalat- und Chicoréeblättchen dazulegen. Alles wird abwechselnd in verschiedene pikante Salatsaucen getunkt.
Dazu frisches Stangenbrot oder Pellkartoffeln servieren.

Spinatsalat mit Möhrenstreifen und Kartoffeldressing

50 g frischer Spinat
100 g Möhre
40 g Kartoffel
1 EL Rotweinessig
1 TL Sonnenblumenöl
1 Prise Muskat
Meersalz, Pfeffer
1 EL Schnittlauchröllchen
1 EL Borretschblätter, gehackt
evtl. einige Borretschblätter zum Garnieren

Spinat waschen und trockenschütteln, Möhre in sehr feine Streifen schneiden. Kartoffel kochen und mit einer Gabel gut zerdrücken. Mit Essig, Öl und etwas von dem Kochwasser zu einer sämigen Sauce rühren und mit den restlichen Zutaten vermischen.
Eventuell mit Borretschblättern garnieren.

kcal	kJ	E	F	KH	BST	CH	gFS	uFS	muFS	Vit. A	Vit. B_1	Vit.C	BE
		g	g	g	g	mg	mg	mg	mg	µg	mg	mg	
116	486	3,4	5,4	11,7	5,4	0,0	595	1014	2994	11302	0,15	41,3	0,5

Möhrenfrischkost mit Ingwer, Ananas und Kokosraspeln

150 g Möhren
20 g Kokosnuß (bzw. 1 EL Kokosraspel, getrocknet)
5 g frischer Ingwer
2 EL Sauerrahm
Saft von ½ Zitrone
1 Msp Curry
½ TL Koriander, geschrotet
Meersalz, Pfeffer
50 g frische Ananaswürfel

Möhren fein raspeln. Kokosnuß und Ingwer hacken und mit Sauerrahm, Zitrone und den Gewürzen verrühren.
Die Möhren damit anmachen und mit Ananaswürfel bestreuen.

kcal	kJ	E	F	KH	BST	CH	gFS	uFS	muFS	Vit. A	Vit. B_1	Vit.C	BE
		g	g	g	g	mg	mg	mg	mg	µg	mg	mg	
186	773	3,5	10,7	16,2	7,2	42,7	7984	1288	486	13634	0,15	30,3	0,5

Spargel mit Zuckerschoten und Lachsschinken

200 g Spargel
1 EL Zitronensaft
100 g Zuckerschoten
20 g Lachsschinken ohne Fett, dünn geschnitten
1 EL Aceto Balsamico
1 TL Traubenkernöl
frischer Dill
Meersalz, Pfeffer

Spargel schälen und die holzigen Enden abschneiden. In Salzwasser mit Zitronensaft kernig garen und auskühlen lassen. Im Spargelfond die Zuckerschoten kernig garen und unter kaltem Wasser abschrecken. Spargelstangen kreisförmig auf einen Teller anrichten und darauf die Zuckerschoten plazieren. Lachsschinken zu Tüten formen und in die Tellermitte geben. Aus Aceto Balsamico, 2–3 EL Spargelfond, Öl, Dill und Gewürzen einen Dressing rühren und über die Spargelstangen und Zuckerschoten geben.

kcal	kJ	E	F	KH	BST	CH	gFS	uFS	muFS	Vit. A	Vit. B_1	Vit.C	BE
		g	g	g	g	mg	mg	mg	mg	µg	mg	mg	
163	680	11,5	7,1	10	4,2	15,3	1065	1410	3490	215	0,35	55,3	0

Spargelsalat mit frischen Champignons und Avocadosauce

100 g Spargel
100 g Champignons
20 g Kresse
50 g Avocado
1 EL Zitronensaft
1 TL Traubenkernöl
2–3 EL Gemüsebrühe
Meersalz, Pfeffer
Dill, gehackt

Spargel schälen, die holzigen Enden abschneiden. Die Stangen schräg in dünne Scheiben schneiden oder hobeln. Champignons putzen und in Scheiben schneiden. Kresse locker auf einem Teller verteilen und die gemischten Spargel- und Champignonscheiben obenauf geben. Avocado schälen und mit Zitronensaft, Öl, Gemüsebrühe und Gewürzen mixen.
Über den Salat geben und mit Dill bestreuen.

kcal	kJ	E	F	KH	BST	CH	gFS	uFS	muFS	Vit. A	Vit. B_1	Vit.C	BE
		g	g	g	g	mg	mg	mg	mg	µg	mg	mg	
193	808	5,4	15,6	5,5	4,9	0,0	2053	7821	4446	536	0,25	43,0	0

Bohnensalat mit Kräuterzwiebeln und gebratener Poulardenbrust

100 g kleine Zwiebelchen (Silberzwiebeln)
2 EL Rotweinessig
1 TL Traubenkernöl
Vollmeersalz, Pfeffer
Dill, gehackt
Rosmarin, gehackt
150 g grüne Bohnen
reichlich Petersilie
Salatblätter zum Anrichten
70 g Poulardenbrust
1 TL Sonnenblumenöl

Kleine Zwiebelchen schälen und im Salzwasser kernig garen. Abschütten und mit Essig, Traubenkernöl, Salz, Pfeffer, Dill und Rosmarin anmachen. Über Nacht durchziehen lassen. Bohnen putzen, in Salzwasser knackig garen und kalt abbrausen. Mit den Zwiebelchen vermengen, mit reichlich Petersilie bestreuen und auf Salatblättern auf einem Teller anrichten. Die Poulardenbrust mit Salz, Pfeffer und Rosmarin einreiben und in Sonnenblumenöl braten. 5 Minuten ruhen lassen, in dünne Scheiben schneiden und auf dem Salat anrichten.

kcal	kJ	E	F	KH	BST	CH	gFS	uFS	muFS	Vit. A	Vit. B_1	Vit.C	BE
		g	g	g	g	mg	mg	mg	mg	µg	mg	mg	
351	1473	18,0	23,4	11,5	7,5	52,5	4939	7025	7862	590	0,21	33,7	0

Feldsalat mit Würfeln von Vollkorntoast und Räuchertofu

50 g Tofu
1 EL Sojasauce
Meersalz, Pfeffer
70 g Feldsalat
1 Knoblauchzehe
30 g Zwiebelwürfel
1 Zweig Liebstöckel
1 EL Rotweinessig
1 TL Traubenkernöl
Petersilie, gehackt
1 TL Erdnußöl
25 g Vollkorntoast

Tofu fein würfeln und mit Sojasauce, Salz und Pfeffer kurz marinieren.
Feldsalat mit Knoblauch, Zwiebelwürfeln, Liebstöckel, Essig, Öl, Petersilie, Salz und Pfeffer anmachen.
Tofuwürfel in Erdnußöl anbraten. Vollkorntoast würfeln, zum Tofu geben und mitbraten. Lauwarm über den Feldsalat geben und sofort servieren.

kcal	kJ	E	F	KH	BST	CH	gFS	uFS	muFS	Vit. A	Vit. B_1	Vit.C	BE
		g	g	g	g	mg	mg	mg	mg	µg	mg	mg	
233	973	9,3	13,9	15,2	4,1	0,3	1661	2433	7727	2702	0,15	24,4	1

Marinierte Romanescoröschen auf Radicchio

40 g Radicchio
200 g Romanesco (Kreuzung aus Blumenkohl und Brokkoli)
1 EL Sauerrahm
1 EL Joghurt
1 EL Zitronensaft
Meersalz, Pfeffer
1 Msp Curry
Süßstoff bei Bedarf
5 g Ingwerwurzel, gehackt

Radicchio putzen, waschen und auf einem Teller auslegen. Romanesco in kleine Röschen zerteilen oder grob raspeln. Mit den restlichen Zutaten in einer Schüssel anmachen und 15 Minuten durchziehen lassen. Auf dem Radicchio anrichten und servieren.

kcal	kJ	E	F	KH	BST	CH	gFS	uFS	muFS	Vit. A	Vit. B_1	Vit.C	BE
		g	g	g	g	mg	mg	mg	mg	µg	mg	mg	
85	356	6,4	2,9	7,4	5,6	29,4	1369	667	351	2824	0,18	165,6	0

Rote-Bete-Frischkost mit Pastinaken, Apfel und Hüttenkäse

20 g Zwiebel
50 g Banane
1 EL Apfelessig
1 TL Sonnenblumenöl
etwas Gemüsebrühe
Meersalz, Pfeffer
gemahlener Koriander
100 g Rote Bete
50 g Pastinake
50 g Apfel
Salatblatt zum Garnieren
20 g Hüttenkäse

Zwiebel und Banane mit Essig, Öl, Gemüsebrühe und Gewürzen im Mixer pürieren. Rote Bete, Pastinake und Apfel grob raspeln und mit dem Dressing anmachen. Auf einem Glasteller anrichten und mit Salatblatt und Hüttenkäse garnieren.

kcal	kJ	E	F	KH	BST	CH	gFS	uFS	muFS	Vit. A	Vit. B_1	Vit.C	BE
		g	g	g	g	mg	mg	mg	mg	µg	mg	mg	
198	827	5,8	5,8	27,6	8,3	0,8	789	1110	3063	154	0,1	24,2	1

Bunter Paprikasalat mit Fenchel

50 g grüne Paprika
50 g rote Paprika
½ Fenchelknolle, ca. 70 g
50 g Maiskörner
1 Knoblauchzehe
20 g Zwiebel
Meersalz, Pfeffer
½ TL Fenchelsamen
1 TL Olivenöl
1 EL Rotweinessig
etwas Gemüsebrühe
einige Basilikumblätter

Paprika und Fenchel in Streifen schneiden und mit Maiskörnern vermengen. Knoblauch, Zwiebel und Gewürze im Mixer mit Öl, Essig und Gemüsebrühe zu einer sämigen Sauce mixen.
Den Salat mit der Sauce vermischen und mit Basilikumblättern bestreuen.

kcal	kJ	E	F	KH	BST	CH	gFS	uFS	muFS	Vit. A	Vit. B_1	Vit.C	BE
		g	g	g	g	mg	mg	mg	mg	µg	mg	mg	
129	536	4,2	5,9	12,8	5,4	0,0	834	3339	921	2705	0,25	176,6	0,5

Auberginensalat mit Schafskäse

200 g Aubergine
1 EL Rotweinessig
1 TL Olivenöl
1 EL Zwiebelwürfel
1 Knoblauchzehe
Meersalz, schwarzer Pfeffer
frisches Basilikum
100 g Tomate
30 g Schafskäse

Aubergine schälen, in dicke Würfel schneiden und in Salzwasser kernig garen. Auf einem Sieb abtropfen lassen und mit Essig, Öl, Zwiebel, Knoblauch, Salz und Pfeffer anmachen. Mit Basilikumblättern belegen. Die Tomate in Würfel schneiden und über den Salat geben; mit geriebenem Schafskäse bestreuen.

kcal	kJ	E	F	KH	BST	CH	gFS	uFS	muFS	Vit. A	Vit. B_1	Vit.C	BE
		g	g	g	g	mg	mg	mg	mg	µg	mg	mg	
192	802	8,5	11,5	10,7	4,8	18,0	4643	4765	978	775	0,16	32,7	0

Bunter Chinakohlsalat mit Bündnerfleisch

50 g Zuckerschoten, ersatzweise
feine Erbsen
100 g Chinakohl
50 g Tomate
10 g Bündnerfleisch
50 g Maiskörner
1 EL Sherryessig
1 TL Sonnenblumenöl
2 EL Gemüsebrühe
Meersalz, Pfeffer
Kerbel und Dill, gehackt

Zuckerschoten kernig garen und kalt abbrausen. Chinakohl, Tomaten und Bündnerfleisch in feine Streifen schneiden. Mit Zuckerschoten und Mais vorsichtig vermengen. Aus den restlichen Zutaten einen Dressing rühren und mit dem Salat vermischen.

kcal	kJ	E	F	KH	BST	CH	gFS	uFS	muFS	Vit. A	Vit. B_1	Vit.C	BE
		g	g	g	g	mg	mg	mg	mg	µg	mg	mg	
159	659	7,3	6,8	14,2	5,1	7,7	983	1578	3287	589	0,18	46,0	1

Eisbergsalat mit Krabben an Sanddornsauce

50 g Eisbergsalat
30 g rote Paprikaschote
30 g grüne Paprikaschote
30 g Krabben
2 EL Joghurt (3,5 %)
1 EL Sanddornsaft, ungezuckert
1 TL Dill, gehackt
1 TL Ketchup
Meersalz, Pfeffer
Süßstoff nach Geschmack
1 TL Sherryessig

Eisbergsalat waschen, in mundgerechte Stücke zupfen und auf einem Teller anrichten. Mit roten und grünen Paprikawürfeln und Krabben bestreuen.
Joghurt mit den restlichen Zutaten und Gewürzen glattrühren, eventuell mit einem Tropfen Süßstoff abrunden und über den Salat verteilen.

kcal	kJ	E	F	KH	BST	CH	gFS	uFS	muFS	Vit. A	Vit. B_1	Vit.C	BE
		g	g	g	g	mg	mg	mg	mg	µg	mg	mg	
99	410	8,6	2,7	7,8	2,4	50,1	554	480	1290	2255	0,12	158,4	0

Sauerkraut mit Früchten

50 g Apfel
50 g Mango
50 g Trauben
1 kleines Stück Ingwerwurzel
1 EL Kürbiskerne
150 g Sauerkraut
Zitronenmelisse
1 TL Kürbiskernöl (oder ein anderes Öl nach Belieben)
schwarzer Pfeffer

Apfel und Mango würfeln, Trauben halbieren und Ingwer fein hacken.
Kürbiskerne in trockener Pfanne anrösten. Sauerkraut mit einer Gabel auflockern, alle Zutaten hinzugeben und mit Öl und schwarzem Pfeffer anmachen.

kcal	kJ	E	F	KH	BST	CH	gFS	uFS	muFS	Vit. A	Vit. B_1	Vit.C	BE
		g	g	g	g	mg	mg	mg	mg	µg	mg	mg	
166	688	2,2	6,0	22,7	5,1	0,0	877	1252	2826	1356	0,08	44,2	1,5

Rosenkohlfrischkost mit Sauerrahm und Bündnerfleisch

150 g Rosenkohl
10 g Bündnerfleisch
1 EL Zwiebelwürfel
1 EL Petersilie, gehackt
1 EL Sauerrahm
1 EL Sherryessig
Meersalz, Pfeffer

Rosenkohl in feine Scheiben und Bündnerfleisch in Streifen schneiden. Aus den restlichen Zutaten eine Salatsauce rühren und alles miteinander vermengen.

kcal	kJ	E	F	KH	BST	CH	gFS	uFS	muFS	Vit. A	Vit. B_1	Vit.C	BE
		g	g	g	g	mg	mg	mg	mg	µg	mg	mg	
100	418	9,4	3,2	6,8	6,1	36,1	1432	881	458	1222	0,19	151,7	0

Gefüllter Chicorée

150 g Chicorée
3–4 Kopfsalatblätter
je 30 g roher Schinken ohne Fett, Sellerie, Apfel, Ananas, Magerjoghurt
1 TL Meerrettich, gerieben
1 TL Ketchup
1 EL Dill, gehackt
schwarzer Pfeffer

Große Chicoréeblätter waschen, mit folgender Masse füllen und auf grünen Salatblättern anrichten.

Zu gleichen Teilen rohen Schinken, frischen Sellerie, Apfel und frische Ananas würfeln und mit Joghurt, Meerrettich und etwas Ketchup anmachen. Mit Dill und Pfeffer abschmecken.

kcal	kJ	E	F	KH	BST	CH	gFS	uFS	muFS	Vit. A	Vit. B_1	Vit.C	BE
		g	g	g	g	mg	mg	mg	mg	µg	mg	mg	
151	631	12,6	3,2	15,0	4,8	24,6	1072	1072	591	2106	0,24	38,8	0,5

Spinat mit Radieschen in Senfdressing

100 g frischer Spinat
30 g Radieschen
20 g Radieschensprossen
1 Knoblauchzehe
1 EL Zwiebelwürfel
½ TL Senf
1 EL Rotweinessig
2 EL Gemüsebrühe
1 TL Sonnenblumenöl
Vollmeersalz, Pfeffer
1 EL Schnittlauch
Gänseblümchen zum Garnieren

Spinat putzen und waschen, Radieschen in dünne Scheiben schneiden und mit den Sprossen vermischen. Aus den restlichen Zutaten einen Dressing rühren und den Spinatsalat damit anmachen. Mit Gänseblümchen garnieren.

kcal	kJ	E	F	KH	BST	CH	gFS	uFS	muFS	Vit. A	Vit. B_1	Vit.C	BE
		g	g	g	g	mg	mg	mg	mg	µg	mg	mg	
102	420	5,2	6,1	4,9	3,7	0,0	643	1349	3216	3993	0,18	61,7	0

Fenchel mit Zucchini und schwarzen Oliven

100 g Fenchel (ca. ½ Knolle)
100 g Zucchini
10 g schwarze Oliven
frisches Basilikum
10 g Sardellen
1 EL Rotweinessig
1 TL Olivenöl
2 EL Gemüsebrühe
Meersalz, Pfeffer

Fenchel und Zucchini sehr fein hobeln. Oliven entkernen und in feine Streifen schneiden. Basilikum grob zupfen.
Sardellen fein hacken und mit Essig, Öl, Gemüsebrühe, Salz und Pfeffer verrühren. Alle Zutaten vermengen und mit dem Dressing anmachen.

kcal	kJ	E	F	KH	BST	CH	gFS	uFS	muFS	Vit. A	Vit. B_1	Vit.C	BE
		g	g	g	g	mg	mg	mg	mg	µg	mg	mg	
118	495	6,0	7,2	5,7	4,3	1,3	1065	4195	972	3801	0,29	106,8	0

Rettichsalat mit gelben Paprikastreifen und Sonnenblumenkeimen

100 g Rettich
50 g gelbe Paprikaschote
30 g Sonnenblumenkeime (ersatzweise Kresse, Feldsalat oder Portulak)
1 EL Zwiebelwürfel
1 Knoblauchzehe
1 EL Rotweinessig
1 TL Sonnenblumenöl
1 EL Petersilie, gehackt
1 EL Estragonblättchen, gehackt
Meersalz, Pfeffer

Rettich in feine Scheiben hobeln, Paprika in feine Streifen schneiden und mit den grünen Sonnenblumenkeimen mischen.
Aus den restlichen Zutaten eine Salatsauce herstellen und den Rettichsalat damit anmachen.

kcal	kJ	E	F	KH	BST	CH	gFS	uFS	muFS	Vit. A	Vit. B_1	Vit.C	BE
		g	g	g	g	mg	mg	mg	mg	µg	mg	mg	
87	365	3,3	5,6	4,9	4,0	0,0	641	1047	3107	1460	0,13	17,0	0

Kartoffelsalat mit Löwenzahn und gehacktem Ei

200 g Kartoffeln
4–5 junge Löwenzahnblätter (oder Endivien)
1 Hühnerei
1 EL Zwiebelwürfel
1 Knoblauchzehe
Petersilie, Meersalz, Pfeffer
½ TL Senf
1 EL Essig
1 TL Sonnenblumenöl
3 EL Gemüsebrühe

Kartoffeln kochen, pellen und in dünne Scheiben schneiden. Löwenzahn in Streifen schneiden. Das Ei hart kochen und würfeln. Aus den restlichen Zutaten einen Dressing rühren, das Ei hinzugeben und die Kartoffeln und den Löwenzahn untermischen.

kcal	kJ	E	F	KH	BST	CH	gFS	uFS	muFS	Vit. A	Vit. B_1	Vit.C	BE
		g	g	g	g	mg	mg	mg	mg	µg	mg	mg	
308	1293	11,3	10,6	36,8	5,7	261,0	2172	3253	3708	292	0,31	38,6	2,5

Tagespläne

Die folgenden 40 Tagespläne habe ich bewußt in vier Kapitel untergliedert, um Ihnen das Suchen nach Ihrem gewünschten Tagesplan zu erleichtern. Stellen Sie sich die Reihenfolge der Tagespläne nach Ihren besonderen Vorlieben zusammen. Alle Pläne sind ernährungsphysiologisch sinnvoll aufgebaut, so daß Sie auch nach längerem Einsatz dieser Reduktionskost nicht in einen Mangelzustand kommen. Das bedeutet aber auch, daß die Fleisch-, Wurst- und Käsemengen sehr knapp kalkuliert sind, da sonst der Eiweißanteil der Nahrung zu hoch ausfällt. Wollen Sie statt 1200 kcal nur 800–1000 kcal am Tag zu sich nehmen, so lassen Sie einfach die Zwischenmahlzeiten oder sonstige Komponenten weg. Da bei jedem Nahrungsmittel die Kalorien angegeben sind, wird es Ihnen nicht schwerfallen. Auch Diabetiker können Ihren individuellen Plan zusammenstellen, da die BE ausgewiesen sind. Sollten die BE in dem jeweiligen Plan nicht ausreichen, so geben Sie bei den einzelnen Mahlzeiten die fehlenden BE in Form von Brot, Obst oder anderen Lebensmitteln hinzu, bis der Plan mit der Vorgabe Ihres Arztes übereinstimmt.

Ein ganz wichtiger Punkt beim Einsatz dieser Reduktionskost ist die sogenannte »Resteverwertung«.

Da in den folgenden Tagesplänen die Kalorien exakt berechnet werden, kommt es zwangsläufig vor, daß bei den genauen Gewichtsangaben einzelne Nahrungsmittelmengen übrig bleiben. Es liegt nun an Ihnen, diese optimal einzusetzen. Ich habe versucht, Ihnen den einen oder anderen Verwertungsvorschlag in den Plänen aufzuzeigen.

Beispiel:

1. Sie brauchen für ein Sellerieschnitzel pro Person 120 g Sellerie und haben von einer kleinen Knolle 200 g übrig. Vorschlag: 100 g für Rohkost einsetzen, den Rest halbieren oder würfeln und als Suppen- oder Saucengemüse einfrieren.
2. Sie brauchen eine Hähnchenkeule. Sie zerlegen das Hähnchen in vier Teile. Eine Brust verwenden Sie für einen Geflügelsalat, die restlichen zwei Teile frieren Sie ein für den nächsten Monat.
3. Sie wollen einen Schmorbraten zubereiten und brauchen pro Person 100 g Fleisch Rohgewicht. Sie kaufen 400 g Fleisch und schneiden den fertigen, ausgekühlten Braten in vier gleichgroße Scheiben. Drei Portionen frieren Sie separat mit der entsprechenden Saucenmenge auf Vorrat ein.
4. Sie benötigen ein Forellenfilet. Sie kaufen 1 Forelle und filieren diese (eventuell vom Fischhändler machen lassen). Ein Filet bereiten Sie zu, das andere wird gut eingepackt eingefroren.
5. Sie benötigen 10 g Schafskäse. Sie kaufen die kleinstmögliche Menge und verwenden den Rest als Brotbelag für die Zwischenmahlzeit oder für das Abendessen. Vergessen Sie aber nicht, den Käse zu berechnen, das heißt Sie müssen ihn gegen andere Lebensmittel austauschen.
6. Falls Sie Grahambrot, Mischbrot oder ähnliches verwenden, so schneiden Sie diese in Scheiben und frieren sie komplett ein. Nun können Sie bei Bedarf einzelne Scheiben entnehmen.

Zur optimalen Resteversorgung ist ein Tiefkühlschrank oder eine Tiefkühltruhe erforderlich. Zur Not reicht aber auch das Eisfach Ihres Kühlschrankes. Wichtig ist, daß Sie alle Produkte gut beschriften und datieren. Auch tiefgefrorene Lebensmittel halten nicht ewig und sollten spätestens nach drei Monaten verbraucht werden. Falls Sie berufstätig sind und mittags nicht kochen, so wechseln Sie Mittag- und Abendessen ruhig aus. Es ist nicht notwendig, mittags regelmäßig eine warme Mahlzeit zu sich zu nehmen.

I.	*g*	*kcal*	*kJ*	*BE*
FRÜHSTÜCK:				
Kaffee oder Tee				
Frischmilch (3,5 %)	10	7	28	
Knäckebrot	20	64	267	1
Grahambrot	30	68	283	1
Reformmargarine oder Butter	10	75	312	
Diabetikermarmelade	25	44	134	0,5
Magerquark	30	23	96	

ZWISCHENMAHLZEIT:

Apfel	100	48	202	1

MITTAGESSEN:

Möhrenrohkost · Schweinefilet am Stück gebraten · Blumenkohl mit Kräutern, Pellkartoffeln · Eiskaffee

Möhre	50	12	48	
Apfel	50	24	101	0.5
Sellerie	50	8	31	
Mandeln, geröstet	5	10	43	
Rosinen	10	29	120	0,5
1 EL Apfelessig	10	2	7	
1 TL Sonnenblumenöl	5	46	194	
Schweinefilet	80	125	522	
1 TL Sonnenblumenöl	5	46	194	
Blumenkohl	150	20	83	
Kartoffeln mit Schale	160	133	558	2
Kalter Kaffee	150			
Vanilleeis (nicht für Diabetiker)	30	39	165	

Außerdem: Salz, Pfeffer, Süßstoff, Salatblatt zum Garnieren, Paprika, Rosmarin, Muskat, reichlich frische Gartenkräuter

ZWISCHENMAHLZEIT:

Orange mit Schale	180	64	265	1

	g	kcal	kJ	BE
ABENDESSEN:				
Rohkostschnittchen				
Vollkornbrot	60	146	614	2
Reformhausmargarine oder Butter	10	75	312	
Salatgurke	50	5	22	
Tomate	100	19	78	
Radieschen	40	5	22	
Kresse	10	3	12	
Hüttenkäse	10	9	36	
Tee oder Mineralwasser				

kcal	kJ	E	F	KH	CH	HS	Ca	Mg	Fe	Vit. B_1	Vit. C	BE
		g	g	g	mg	mg	mg	mg	mg	mg	mg	
1149	4749	43,8	39,6	133,0	85,7	421	364	276	10,18	1,53	224,3	9,5

MÖHRENROHKOST: Möhre, Apfel und Sellerie grob raspeln. Mandeln und Rosinen hinzugeben und mit Apfelessig, Öl, Salz, Pfeffer und eventuell einem Spritzer Süßstoff anmachen. Auf einem Salatblatt anrichten.

SCHWEINEFILET: Das Fleisch mit Salz, Pfeffer, Paprika und Rosmarin einreiben und in einer kleinen beschichteten Pfanne in Öl anbraten. Mit einem Deckel zudecken und langsam fertigbraten. 2–3 Minuten ruhen lassen, in gleich große Tranchen schneiden und auf dem Teller mit den Blumenkohlröschen und den Pellkartoffeln anrichten.

GEMÜSE: Den Blumenkohl in kleine Röschen teilen und in wenig Wasser mit Salz, Pfeffer und Muskat kernig garen. Mit reichlich Kräutern bestreuen. Die Kartoffeln in der Schale garen.

ROHKOSTSCHNITTCHEN: Vollkornbrot mit Butter bzw. Reformmargarine bestreichen und mit Tomaten-, Gurken- und Radieschenscheiben belegen. Mit dem Hüttenkäse und der Kresse garnieren und nach Geschmack leicht salzen und pfeffern.

II.	g	kcal	kJ	BE
FRÜHSTÜCK:				
Kaffee oder Tee				
Frischmilch (3,5 %)	10	7	28	
Vollkornbrötchen	50	114	478	2
Reformmargarine oder Butter	10	75	312	
Honig (nicht für Diabetiker)	20	63	263	
Hüttenkäse	20	17	71	
ZWISCHENMAHLZEIT:				
Banane	ca. 180	88	367	2
MITTAGESSEN:				
Matjesfilet mit Hausfrauen-Sauce, Kräuterkartoffeln · Kiwi auf Naturjoghurt mit Himbeeren				
Gewürzgurke	40	3	11	
Apfel	20	10	40	
Zwiebel	20	6	27	
Naturjoghurt (3,5 %)	75	38	159	
1 Matjesfilet	80	245	1026	
Kartoffeln	160	133	558	2
Naturjoghurt (3,5 %)	75	38	159	
2 Kiwis	120	68	288	1
Himbeeren zum Garnieren	20	7	30	

Außerdem: Petersilie, Salz, Pfeffer, Zitronensaft, Worchestershiresauce, Süßstoff, Schnittlauch, Dill, Zimt

	g	kcal	kJ	BE
ZWISCHENMAHLZEIT:				
Apfel	100	48	202	1
ABENDESSEN:				
Bunter Käsesalat				
Vollkornknäckebrot	30	96	401	1,5
Edamer (30 %)	20	56	233	

	g	kcal	kJ	BE
Zwiebel	20	6	27	
Gewürzgurke	20	1	6	
Tomate	50	10	39	
$\frac{1}{2}$ TL Sonnenblumenöl	3	28	116	
1 TL Essig	5	1	3	
2–3 Salatblätter zum Garnieren	10	1	6	
Tee oder Mineralwasser				
Außerdem: Schnittlauch, Salz, Pfeffer				

kcal	kJ	E	F	KH	CH	HS	Ca	Mg	Fe	Vit. B_1	Vit. C	BE
		g	g	g	mg	mg	mg	mg	mg	mg	mg	
1159	4850	59,9	31,3	140,3	40,7	661	647	289	10,12	0,73	187,1	9,5

MATESFILET MIT HAUSFRAUEN-SAUCE: Gurke, Apfel und Zwiebel in feine Scheibchen schneiden und mit gehackter Petersilie und Joghurt untereinandermischen. Mit Pfeffer, Zitronensaft, wenig Salz, Worchestershiresauce und einem Tropfen Süßstoff abschmecken und über das Matjesfilet verteilen. Die Kartoffeln garen und mit Schnittlauchröllchen und Dill vermengen.

KIWI AUF NATURJOGHURT MIT HIMBEEREN: Joghurt mit Süßstoff, Zimt und Zitronensaft glattrühren und auf einem Glasteller anrichten. Kiwi in Scheiben schneiden und in einem dichten Kranz um den Joghurt legen. Mit Himbeeren dekorieren und gut gekühlt servieren.

BUNTER KÄSESALAT: Edamer, Gurken und Tomaten in gleich große Würfel schneiden. Mit Zwiebelwürfeln, Schnittlauch, Essig, Öl, Salz und Pfeffer anmachen und auf Salatblättern anrichten.

III.	*g*	*kcal*	*kJ*	*BE*
FRÜHSTÜCK:				
Kaffee oder Tee				
Frischmilch (3,5 %)	10	7	28	
Apfel-Müsli mit Rosinen und Haselnüssen				
Apfel	100	48	202	1
Haferflocken, grob	30	115	482	1,5
Rosinen	10	29	120	0,5
1 TL Haselnüsse, gemahlen	5	34	142	
Milch (3,5 %)	150	99	417	0,5
ZWISCHENMAHLZEIT:				
Orange mit Schale	180	64	265	1
MITTAGESSEN:				
½ Pampelmuse · Putensteak mit gebratener Banane, Mandelreis, Blattsalate mit Kräuterdressing				
½ Pampelmuse	100	32	136	0,5
Putensteak	80	95	398	
Banane, geschält	60	53	220	1
1 TL Butter	5	39	162	
Naturreis	30	107	446	2
Mandeln, geröstet	5	10	43	
Radicchio	30	4	17	
Eissalat	30	4	16	
1 TL Sonnenblumenöl	5	46	194	
1 EL Rotweinessig	10	2	7	
Zwiebeln	10	3	13	

Außerdem: Salz, Pfeffer, Curry, vegetarische Streuwürze, Gartenkräuter nach Geschmack

ZWISCHENMAHLZEIT:				
frische Tomaten	300	57	234	

	g	*kcal*	*kJ*	*BE*
ABENDESSEN:				
Schinkenbrot mit Gewürzgurke und Silberzwiebeln				
Vollkornbrot	60	137	574	2
Knäckebrot	10	32	134	0,5
Reformmargarine oder Butter	10	75	312	
Rinderschinken ohne Fett	20	40	167	
Gewürzgurke	50	4	14	
Silberzwiebeln	50	38	159	
Mineralwasser oder Tee				

kcal	kJ	E	F	KH	CH	HS	Ca	Mg	Fe	Vit. B_1	Vit. C	BE
		g	g	g	mg	mg	mg	mg	mg	mg	mg	
1174	4902	51,8	34,1	142,2	94,2	472	438	317	10,04	1,04	201,2	10,5

APFELMÜSLI: Den Apfel kleinschneiden und mit den übrigen Zutaten vermischen. Nach Belieben mit Süßstoff süßen.

PUTENSTEAK: Das Putensteak salzen und pfeffern und mit Curry bestreuen. Die Banane halbieren und mit dem Putensteak in beschichteter Pfanne in der Butter braten. Putensteak mit der Banane auf einem Teller anrichten und den Mandelreis dazu reichen.

MANDELREIS: Reis mit doppelter Menge Wasser bei sehr schwacher Hitze ohne Salz garen. Bei Bedarf Wasser nachgießen. Kurz vor Ende der Garzeit mit vegetarischer Streuwürze und Pfeffer würzen und mit gerösteten Mandeln bestreuen.

BLATTSALATE: Die Salate putzen, zerkleinern und mit Öl, Essig, Zwiebelwürfeln, Salz, Pfeffer und Kräutern anmachen.

IV.

	g	*kcal*	*kJ*	*BE*
FRÜHSTÜCK:				
Kaffee oder Tee				
Frischmilch (3,5 %)	10	7	28	
Knäckebrot	20	64	267	1
Vollkornbrot	60	137	574	2
Putenwurst, mager	30	80	333	
Tomaten	100	19	78	
Salatgurke	50	5	22	

ZWISCHENMAHLZEIT:

frische Möhren	200	46	192	

MITTAGESSEN:

Rote-Bete-Frischkost · Grüner Bohneneintopf mit Rindfleisch

Rote Bete	100	29	120	
Apfel	50	24	101	0,5
Orange mit Schale	90	32	133	0,5
Haselnüsse, grobgehackt	10	68	285	
1 TL Sonnenblumenöl	5	46	194	
1 EL Apfelessig	10	2	7	
Rindfleisch zum Kochen	80	123	514	
grüne Bohnen	200	54	230	
Kartoffeln mit Schale	80	66	279	1
1 TL Butter	5	39	162	

Außerdem: Salz, Pfeffer, Lorbeerblatt, 1 Zwiebel, vegetarische Streuwürze, Bohnenkraut, reichlich Petersilie und andere frische Kräuter

ZWISCHENMAHLZEIT:

Banane	180	88	367	2

	g	kcal	kJ	BE
ABENDESSEN:				
Kräuterquark mit Pellkartoffeln				
Magerquark	50	38	160	
Milch (3,5 %)	20	13	56	
Zwiebelwürfel	20	6	27	
Salatgurke	20	2	9	
Kartoffeln	240	199	838	3
Tee oder Mineralwasser				

kcal	kJ	E	F	KH	CH	HS	Ca	Mg	Fe	Vit. B_1	Vit. C	BE
		g	g	g	mg	mg	mg	mg	mg	mg	mg	
1187	4976	57,5	29,7	151,7	89,2	484	452	365	12,63	1,29	214,5	10

ROTE-BETE-FRISCHKOST: Rote Bete schälen und mit dem Apfel fein raspeln. Orange schälen, fein würfeln und dazugeben. Mit den gehackten Nüssen, Öl, Essig, Salz und Pfeffer würzen.

GRÜNER BOHNENEINTOPF: Rindfleisch in kleine Würfel schneiden und in Wasser mit Lorbeerblatt, einer kleinen Zwiebel, Pfeffer und etwas Salz weich kochen. Die Bohnen und die in Würfel geschnittene Kartoffel zugeben. Bei Bedarf mit etwas Wasser auffüllen und mit vegetarischer Streuwürze, Pfeffer und Bohnenkraut kräftig abschmecken. Vor dem Servieren Butter und reichlich gehackte Petersilie hinzugeben.

KRÄUTERQUARK: Quark mit Milch, Zwiebelwürfeln und kleingeschnittener Gurke vermischen. Reichlich frische Kräuter unterrühren. Pellkartoffeln kochen und zum Quark servieren.

V.	*g*	*kcal*	*kJ*	*BE*
FRÜHSTÜCK:				
Kaffee oder Tee				
Frischmilch (3,5 %)	10	7	28	
1 Vollkornbrötchen	50	114	478	2
Reformmargarine oder Butter	10	75	312	
Diabetikermarmelade	25	26	108	0,5
Trockenpflaumen	20	57	239	1

ZWISCHENMAHLZEIT:

Birne	120	65	274	1

MITTAGESSEN:

Rindersteak mit Röstzwiebeln und Tomaten, Kartoffelschnee und Brokkoliröschen · Orangenquark

Tomaten	100	19	78	
Zwiebeln	60	19	80	
1 TL Sonnenblumenöl	5	46	194	
Rücken- oder Filetsteak	80	123	514	
Kartoffeln	160	133	558	2
Brokkoli	150	26	107	
Magerquark	80	61	255	
Milch (3,5 %)	20	13	56	
Orange mit Schale	180	64	265	1

Außerdem: Salz, Pfeffer, Petersilie, Muskat, Süßstoff, Zimt, Grand Marnier

ZWISCHENMAHLZEIT:

Möhren	200	46	192	

	g	kcal	kJ	BE
ABENDESSEN:				
Garniertes Dreikornbrot mit Lachsschinken				
Lachsschinken ohne Fettrand	30	60	251	
Gewürzgurke	50	4	14	
Rettich	50	5	20	
Zwiebelringe	30	10	40	
Dreikornbrot	60	135	566	2
Reformmargarine	10	75	312	
Tee oder Mineralwasser				

Außerdem: Salz, Pfeffer, Petersilie, Muskat, Süßstoff, Zimt, Grand Marnier

kcal	kJ	E	F	KH	CH	HS	Ca	Mg	Fe	Vit. B_1	Vit. C	BE
		g	g	g	mg	mg	mg	mg	mg	mg	mg	
1183	4941	60,3	32,8	138,6	75,1	489	495	300	12,81	1,23	271,1	9,5

RINDERSTEAK MIT RÖSTZWIEBELN UND TOMATEN: Tomaten einritzen, in kochendes Wasser tauchen und abziehen. Vierteln, entkernen und in Streifen schneiden. Zwiebeln in feine Scheiben schneiden und im Öl in einer beschichteten Pfanne braun braten. Warm stellen. Steak mit Salz und Pfeffer würzen, braten und mit den Zwiebeln und den Tomatenstreifen belegen. Mit Petersilie bestreuen.

KARTOFFELSCHNEE: Die Kartoffeln schälen, kochen und durch die Presse neben das Steak drücken. Den Brokkoli in wenig Wasser mit Salz, Pfeffer und Muskat gar dünsten und als Beilage reichen.

ORANGENQUARK: Quark mit Milch glattrühren und mit Süßstoff, Zimt und eventuell 1–2 Spritzer Grand Marnier verrühren. Die Orange schälen, in Würfel schneiden und $^2/_3$ unter den Quark mischen. In eine Sektschale füllen und mit den restlichen Orangenwürfeln garnieren.

VI.	*g*	*kcal*	*kJ*	*BE*
FRÜHSTÜCK:				
Kaffee oder Tee				
Frischmilch (3,5 %)	10	7	28	
Weizenschrotmüsli mit Birne und Trauben				
Weizen, geschrotet	40	130	545	2
Birne	60	32	137	0,5
Trauben	70	51	215	1
Möhren	50	12	48	
Naturjoghurt (3,5 %)	100	51	212	0,5
Pinienkerne oder Mandeln	10	64	267	
Außerdem: Zitronensaft, Süßstoff				
ZWISCHENMAHLZEIT:				
Rest der Birne	60	32	137	0,5
Trauben	70	51	215	1
MITTAGESSEN:				
Fenchelfrischkost mit Paprika und Tomaten · Curry-Nudelpfanne mit Truthahnstreifen und Krabben				
Fenchel	80	22	90	
Zwiebelwürfel	10	2	13	
1 EL Rotweinessig	10	2	7	
1 TL Kürbiskernöl	5	46	194	
grüne Paprikaschote	40	6	27	
Tomate	80	15	62	
Spaghetti	40	144	602	2
Truthahnschnitzel	60	71	299	
Ananas	30	17	71	0,3
Zwiebel	30	10	40	
Champignons	50	9	37	
1 TL Sojaöl	5	46	193	

	g	kcal	kJ	BE
2 EL Sojasauce	20	23	96	
Krabben	20	21	88	

Außerdem: Petersilie, Salz, Pfeffer, Korianderkörner, Curry, frische Kräuter

ZWISCHENMAHLZEIT:

Apfel	100	48	202	1

ABENDESSEN:

Eiersalat mit Champignons und Schinkenstreifen

1 Hühnerei, hartgekocht	45	76	316	
Tomaten	100	19	78	
Joghurt (3,5 %)	30	15	64	
½ TL Sonnenblumenöl	3	28	116	
Lachsschinken ohne Fett	10	20	84	
frische Champignons	30	5	22	
Vollkornbrot	60	137	574	2

Außerdem: Worchestershiresauce, Salz, Pfeffer, Dill

kcal	kJ	E	F	KH	CH	HS	Ca	Mg	Fe	Vit. B_1	Vit. C	BE
		g	g	g	mg	mg	mg	mg	mg	mg	mg	
1212	5079	59,7	32,6	151,0	363,6	482	480	323	13,40	1,18	205,8	11

WEIZENSCHROTMÜSLI: Weizen über Nacht in Wasser einweichen. Birne in Würfel schneiden, Trauben halbieren und Möhren grob raspeln. Mit dem Schrot und dem Joghurt verrühren. Mit Zitronensaft und Süßstoff abschmecken und mit Mandeln oder Pinienkernen bestreuen.

FENCHELFRISCHKOST: Fenchel hauchdünn hobeln und mit Zwiebelwürfeln, gehackter Petersilie, Salz, Pfeffer, Essig und Öl kräftig durchkneten. Auf einem Glasteller anrichten. Paprika und Tomate in feine Streifen schneiden, mischen und über die Fenchelrohkost verteilen.

CURRY-NUDELPFANNE: Spaghetti in Salzwasser kernig kochen, abschütten und kalt abschrecken. Truthahnschnitzel, Ananas, Zwiebel in feine Streifen, Champignons in Scheiben schneiden. Truthahnstreifen und Zwiebel in Sojaöl in einer beschichteten Pfanne kurz bei starker Hitze anbraten. Ananas, Champignons, Krabben und $^1/_2$ TL Korianderkörner hinzugeben. Mit $^1/_2$ TL Curry würzen und durchschwenken. Spaghetti und Sojasauce zugeben, durchmischen, abschmecken und mit frischen Kräutern bestreuen.

EIERSALAT: Ei und Tomaten in Scheiben schneiden und im Wechsel auf einen Teller schichten. Joghurt mit Öl, Worchestershiresauce, Salz, Pfeffer und gehacktem frischen Dill anrühren und über den Eiersalat verteilen. Lachsschinken in Streifen und Champignons in Scheiben schneiden. Mit gehacktem Dill mischen und über den Salat verteilen. Mit Vollkornbrot anrichten.

VII.	*g*	*kcal*	*kJ*	*BE*
FRÜHSTÜCK:				
Kaffee oder Tee				
Frischmilch (3,5 %)	10	7	28	
Vollkornbrötchen	50	114	478	2
Knäckebrot	30	96	401	1,5
Reformmargarine	10	75	312	
Diabetikermarmelade	25	26	108	0,5
Camembert (30 %)	20	39	165	
Tomaten	100	19	78	
Paprikaschote	50	8	34	
ZWISCHENMAHLZEIT:				
Apfel	100	48	202	1
MITTAGESSEN:				
Champignonragout mit Kräuterreis und Blattsalaten · Kirschquarkspeise				
Champignons	200	34	146	
Zwiebeln	50	16	67	
1 TL Butter	10	77	323	
2 EL Sojasauce	20	23	96	
Naturreis	30	107	446	2
Blattsalat nach Wahl	60	8	34	
1 EL Weinessig	10	2	7	
1 TL Sonnenblumenöl	5	46	194	
Magerquark	60	46	191	
Milch (3,5 %) zum Anrühren	30	20	83	
Sauerkirschen (TK-Ware)	50	29	119	0,5

Außerdem: Pfeffer, Zitronensaft, reichlich Kräuter, Salz, Süßstoff, Zimt, frische Minze

ZWISCHENMAHLZEIT:				
Tomaten	200	38	156	

	g	*kcal*	*kJ*	*BE*
ABENDESSEN:				
Corned beef auf Vollkornbrot, bunt garniert				
Vollkornbrot	50	129	541	2
Reformmargarine oder Butter	10	77	323	
3–4 Salatblätter	10	1	6	
Corned beef	30	47	194	
Tomate	50	10	39	
Salatgurke	30	3	13	
Paprikaschote	20	3	14	
Mineralwasser oder Tee				

kcal	kJ	E	F	KH	CH	HS	Ca	Mg	Fe	Vit. B_1	Vit. C	BE
		g	g	g	mg	mg	mg	mg	mg	mg	mg	
1148	4798	47,3	41,5	129,2	78,8	492	449	272	11,18	1,06	206,0	9,5

CHAMPIGNONRAGOUT: Champignons je nach Größe halbieren oder vierteln. Zwiebeln fein würfeln und in beschichteter Pfanne in der Butter anschwitzen. Champignons zugeben und bei starker Hitze 2–3 Minuten anbraten. Mit Sojasauce, Pfeffer, Zitronensaft und reichlich gehackten Kräutern würzen. Den körnig gegarten Reis als Beilage reichen. Die Salate waschen und putzen. Essig, Öl, Salz und Pfeffer miteinander verrühren und mit dem Salat vermischen.

KIRSCHQUARK: Magerquark mit Milch glattrühren und mit Süßstoff, Zimt und den aufgetauten Kirschen verrühren. Im Kelchglas anrichten und mit frischer Minze garnieren.

CORNED BEEF AUF VOLLKORNBROT: Das Brot mit Reformmargarine oder Butter bestreichen. Mit Salatblättern, Corned beef, kleingeschnittener Tomate, feinen Gurkenscheiben und Paprikastreifen belegen.

VIII.

	g	*kcal*	*kJ*	*BE*
FRÜHSTÜCK:				
Kaffee oder Tee				
Frischmilch (3,5 %)	10	7	28	
1 Vollkornbrötchen	50	114	478	2
Reformmargarine oder Butter	10	77	323	
1 Hühnerei	45	76	316	
Honig (nicht für Diabetiker)	10	31	132	
ZWISCHENMAHLZEIT:				
Banane	180	146	614	2

MITTAGESSEN:

Tomatensalat mit Zwiebelringen, Oliven und Basilikum · Kleines Schweinesteak gegrillt mit gebratenen Zucchinischeiben, Vollkornbandnudeln

Tomaten	200	38	156	
Zwiebel	50	16	67	
schwarze Oliven	10	14	60	
1 EL Rotwein	10	2	7	
1 TL Olivenöl	5	46	194	
Schweinerückensteak ohne Fett	80	125	522	
1 TL Sonnenblumenöl	5	46	194	
Zucchini	100	19	78	
Vollkornnudeln	30	103	430	1,5

Außerdem: frisches Basilikum, Salz, Pfeffer, Rosmarin, Koriander, Borretsch, Petersilie, Borretschblüten, Muskat

ZWISCHENMAHLZEIT:				
Apfel	100	48	202	1

	g	kcal	kJ	BE
ABENDESSEN:				
Harzer mit Musik und Pellkartoffeln				
Harzer oder Limburger	50	50	210	
Zwiebelringe	30	10	40	
1 TL Essig	5	1	3	
1 TL Sonnenblumenöl	5	46	194	
Pellkartoffeln	180	149	628	2
Tee oder Mineralwasser				

Außerdem: Petersilie, Schnittlauch, Pfeffer

kcal	kJ	E	F	KH	CH	HS	Ca	Mg	Fe	Vit. B_1	Vit. C	BE
		g	g	g	mg	mg	mg	mg	mg	mg	mg	
1164	4876	55,9	40,7	145,4	359,3	424	796	378	13,31	1,84	176,5	8,5

TOMATENSALAT: Tomaten in Scheiben schneiden und flach auf einen großen Teller anrichten. Mit Zwiebelringen, reichlich Basilikumblättern und gehackten Oliven bestreuen. Salzen und pfeffern und mit Essig und Öl beträufeln.

KLEINES SCHWEINESTEAK: Schweinesteak salzen, pfeffern und mit gehacktem Rosmarin und Koriander würzen. In einer beschichteten Pfanne in Öl braten und warm stellen. Die Zucchini längs in Scheiben schneiden, salzen, pfeffern und von beiden Seiten anbraten. Zum Steak anrichten und mit gehacktem Borretsch, Petersilie und Borretschblüten bestreuen. Die Nudeln kernig kochen und mit Muskat abschmecken.

HARZER MIT MUSIK: Den Harzer halbieren, auf einem Teller anrichten und mit Zwiebelringen und Kräutern bestreuen. Pfeffern, mit Essig und Öl beträufeln und mit den Pellkartoffeln servieren.

IX.

	g	kcal	kJ	BE
FRÜHSTÜCK:				
Kaffee oder Tee				
Frischmilch (3,5 %)	10	7	28	
Vollkornbrot	50	115	479	1,5
Butter	10	77	323	
vegetarischer Brotaufstrich	25	61	254	
Tomaten	100	19	78	
Salatgurke	50	5	22	
Radieschen	30	4	17	
ZWISCHENMAHLZEIT:				
Naturjoghurt (3,5 %)	150	77	318	0,5

MITTAGESSEN:

Gebratenes Rotbarschfilet mit Tomatenwürfeln, Kartoffelsalat · Pfirsichkompott

Rotbarschfilet	80	94	390	
Tomaten	100	19	78	
Butter	5	39	162	
Kartoffeln	160	133	558	2
Essiggurken, in Scheiben geschnitten	50	4	14	
Zwiebelwürfel	20	6	27	
1 EL Essig	10	2	7	
1 TL Sonnenblumenöl	5	46	194	
Brühe (vegetarischer Brühwürfel)	40	3	14	
Pfirsichkompott, ungezuckert	150	65	267	1

Außerdem: Salz, Pfeffer, Zitronensaft, Worchestershiresauce, Kräuter

ZWISCHENMAHLZEIT:				
Birne	120	65	274	1

	g	*kcal*	*kJ*	*BE*
ABENDESSEN:				
Waldorfsalat mit Schinkentüten				
Sellerie	100	15	62	
Apfel	100	48	202	1
Joghurt (3,5 %)	30	15	64	
Sonnenblumenöl	3	28	116	
Haselnüsse (oder Walnüsse)	5	34	142	
Schinken roh, ohne Fett	20	40	167	
Kresse zum Garnieren	10	3	12	
Vollkornknäckebrot	30	96	401	1,5
Tee oder Mineralwasser				

Außerdem: Salz, Pfeffer, Zitronensaft, Süßstoff, Worchestershiresauce, Senfpulver

kcal	kJ	E	F	KH	CH	HS	Ca	Mg	Fe	Vit. B_1	Vit. C	BE
		g	g	g	mg	mg	mg	mg	mg	mg	mg	
1120	4670	49,2	38,2	129,3	128,4	474	537	288	9,58	1,11	152,8	8,5

GEBRATENES ROTBARSCHFILET: Tomaten einritzen, in kochendes Wasser tauchen, abziehen, entkernen und in Würfel schneiden. Fischfilet mit Salz, Pfeffer, 3 EL Zitronensaft und Worchestershiresauce würzen und in Butter goldbraun anbraten. Mit Tomatenwürfeln und Kräutern bestreuen und zum Kartoffelsalat servieren.

KARTOFFELSALAT: Die Pellkartoffeln kochen, pellen und in Scheiben schneiden. Mit den restlichen Zutaten anmachen und mit Gurkenscheiben und Kräutern mischen.

WALDORFSALAT: Sellerie und Apfel in sehr feine Scheiben und dann in Streifen schneiden. Mit Joghurt, Öl, Zitrone, Salz, Pfeffer, Senfpulver, einem Spritzer Süßstoff und Worchestershiresauce anmachen und mit grob gehackten Nüssen bestreuen. Mit Kresse und Schinkentüten garnieren. Dazu Vollkornknäckebrot servieren.

X.	*g*	*kcal*	*kJ*	*BE*
FRÜHSTÜCK:				
Kaffee oder Tee				
Frischmilch (3,5 %)	10	7	28	
Orangenmüsli				
Orange mit Schale	180	64	265	1
Haferflocken, grob	30	115	482	1,5
Joghurt (3,5 %)	150	77	318	0,5
Kürbiskerne	5	31	128	
Honig (nicht für Diabetiker)	10	31	132	
Johannisbeeren (TK-Ware)	20	9	38	
ZWISCHENMAHLZEIT:				
Birne	120	65	274	1
MITTAGESSEN:				
Bunter Blattsalat mit Gartenkräutern · Geschnetzeltes Kalbsschnitzel mit frischen Champignons, Curryreis, Paprikagemüse				
Eissalat	30	4	16	
Chicorée	30	4	17	
Radicchio	30	4	17	
1 EL Rotweinessig	10	2	7	
1 TL Sonnenblumenöl	5	46	194	
1 Knoblauchzehe	2	3	10	
Zwiebelringe	20	6	27	
Kalbsschnitzel	80	101	421	
1 TL Sonnenblumenöl	5	46	194	
Zwiebelwürfel	20	6	27	
Champignons	100	17	73	
2 EL Sojasauce	20	23	96	
Bratensaft	50	4	17	
Naturreis	30	107	446	2
rote Paprikaschote	100	16	68	

	g	kcal	kJ	BE
grüne Paprikaschote	100	16	68	
Butter	5	39	162	

Außerdem: gemischte Gartenkräuter, Salz, Pfeffer, Estragon, Curry, vegetarische Streuwürze, etwas Brühe, Petersilie

ZWISCHENMAHLZEIT:

Möhren	200	46	192	

ABENDESSEN:

Geflügelwurst auf Dreikornbrot mit Tomatensalat

Dreikornbrot	60	137	574	2
Reformmargarine oder Butter	5	39	162	
Geflügelwurst, dünn geschnitten	20	53	222	
Tomaten	200	38	156	
Zwiebelwürfel	50	16	67	
1 EL Rotweinessig	10	2	7	
1 TL Olivenöl	5	46	194	
Tee oder Mineralwasser				

Außerdem: Zwiebelwürfel

kcal	kJ	E	F	KH	CH	HS	Ca	Mg	Fe	Vit. B_1	Vit. C	BE
		g	g	g	mg	mg	mg	mg	mg	mg	mg	
1220	5099	53,4	41,6	135,7	106,8	580	507	345	13,02	1,28	383,1	8

ORANGENMÜSLI: Die Orangen schälen und kleinschneiden. Alle Zutaten zusammen vermischen.

BUNTER BLATTSALAT: Die Salate waschen und putzen. Essig, Öl, Knoblauch, Zwiebelringe, Salz und Pfeffer miteinander verrühren und mit dem Salat vermischen.

GESCHNETZELTES KALBSSCHNITZEL: Kalbsschnitzel fein schnetzeln und in wenig Öl in einer beschichteten Pfanne ganz kurz anbraten. Das Fleisch auf einen Teller geben, salzen und pfeffern. Nun die Zwiebelwürfel in der Pfanne anschwitzen,

Champignons, Sojasauce, Bratensaft und Estragon hinzugeben, abschmecken, kurz aufkochen und das Fleisch zufügen. Kurz ziehen lassen und sofort servieren.

NATURREIS: Reis mit zweifacher Menge Wasser und etwas Curry bei schwacher Hitze gar ziehen lassen. Bei Bedarf Wasser hinzugeben und kurz vor Ende der Garzeit mit vegetarischer Streuwürze abschmecken.

PAPRIKAGEMÜSE: Paprika in grobe Würfel schneiden und in Butter anschwitzen. Wenig Brühe hinzugießen, würzen und kernig garen. Gehackte Petersilie untermischen.

ABENDESSEN: Das Brot mit Reformmargarine oder Butter bestreichen und mit Geflügelwurst belegen. Aus den übrigen Zutaten einen Salat zubereiten und zum Brot servieren.

I.	g	kcal	kJ	BE
FRÜHSTÜCK:				
Kaffee oder Tee				
Frischmilch (3,5 %)	10	7	28	
Schrotmüsli mit Backpflaumen				
3 EL Getreideschrot	30	98	409	1,5
Backpflaumen	20	57	239	1
Trauben	70	51	215	1
Pinienkerne	5	32	134	
Joghurt (3,5 %)	75	38	159	
ZWISCHENMAHLZEIT:				
Joghurt mit Himbeeren				
Joghurt (3,5 %)	75	38	159	
Himbeeren (TK-Ware)	100	35	148	0,5
Süßstoff nach Geschmack				
MITTAGESSEN:				
Zucchini mit Kartoffel-Käsefüllung auf Sauerampfersauce mit Grilltomaten · Früchtesuppe				
Zucchini	200	32	132	
Kartoffel, gekocht	80	66	279	1
Sauerrahm	20	24	101	
Parmesan	10	38	160	
Tomaten	200	34	146	
Milch (3,5 %)	80	53	222	
Nestargel (pflanzliches Bindemittel)	1	1	3	
Orange mit Schale	180	64	265	1
Banane mit Schale	180	106	440	2
Zitronensaft	20	9	38	
Kiwi	60	34	144	0,5
Himbeeren	30	11	44	

Außerdem: Salz, Pfeffer, Gemüsebrühe, Muskat, Borretsch, Schnittlauch, vegetarische Streuwürze, Sauerampfer

	g	kcal	kJ	BE
ZWISCHENMAHLZEIT:				
Apfel	100	48	202	1

ABENDESSEN:

Knoblauch-Eierbrot mit kleinem Salat

1 Scheibe kräftiges Bauernbrot	60	137	574	2
2 Knoblauchzehen	5	6	26	
1 Hühnerei	50	84	352	
½ TL Butter	5	39	162	
Blattsalate nach Wahl	50	7	28	
1 EL Essig	10	2	7	
1 EL Sonnenblumenöl	10	93	388	
Zwiebelwürfel	20	6	27	

Außerdem: Schnittlauch, Salz, Pfeffer, Muskat, Petersilie, Dill

kcal	kJ	E	F	KH	CH	HS	Ca	Mg	Fe	Vit. B_1	Vit. C	BE
		g	g	g	mg	mg	mg	mg	mg	mg	mg	
1250	5231	43,2	36,7	167,9	333,1	328	802	407	13,16	1,17	246,9	11,5

SCHROTMÜSLI: Getreideschrot mit den grob geschnittenen Backpflaumen über Nacht knapp bedeckt in Wasser einweichen. Mit den halbierten Trauben, den Pinienkernen und dem Joghurt vermischen.

ZUCCHINI MIT KARTOFFEL-KÄSEFÜLLUNG: Von den Zucchini einen Deckel abschneiden und die Schnittflächen mit Salz und Pfeffer einreiben. Unter Zugabe von etwas Gemüsebrühe zugedeckt kernig garen. Die Zucchini leicht aushöhlen. Das Fruchtfleisch zusammen mit der gekochten Kartoffel mit einer Gabel zerdrücken und mit Sauerrahm, Parmesan, Muskat, Pfeffer, gehacktem Borretsch und Schnittlauch mischen. In die Zucchini füllen. Im Ofen bei starker Oberhitze überbacken. Die Tomaten über Kreuz einritzen, mit etwas Parmesan bestreuen und zusammen mit den Zucchini kurz überbacken.

Sauerampfersauce: Die Milch erhitzen und mit Nestargel leicht abbinden. Mit vegetarischer Streuwürze, Muskat und Pfeffer würzen und 1 EL feingehackten Sauerampfer unterziehen.

Früchtesuppe: Die Orange auspressen und mit einer Bananenhälfte und dem Zitronensaft mixen. In einen tiefen Teller geben und mit der in Scheiben geschnittenen restlichen Banane, Kiwischeiben und Himbeeren anrichten.

Abendessen: Brot mit feingehacktem Knoblauch von beiden Seiten einreiben. Das Ei mit Schnittlauch, Salz, Pfeffer und Muskat verquirlen und das Brot von beiden Seiten darin wenden. In einer beschichteten Pfanne in Butter von beiden Seiten goldbraun braten. Den Salat putzen und waschen. Mit Essig, Öl, Zwiebelwürfeln, Salz, Pfeffer, gehackter Petersilie und Dill anmachen.

II.	*g*	*kcal*	*kJ*	*BE*
FRÜHSTÜCK:				
Kaffee oder Tee				
Frischmilch (3,5 %)	10	7	28	
Vollkornbrötchen	50	114	478	2
Knäckebrot	20	64	267	1
Reformmargarine oder Butter	10	77	323	
1 Hühnerei	45	76	316	
Honig (nicht für Diabetiker!)	20	63	263	
ZWISCHENMAHLZEIT:				
Apfel	100	48	202	1

MITTAGESSEN:

Chicoréesalat mit Joghurt und Mandarinen · Gebratene Austernpilze auf geschmolzenen Tomaten, Naturreis

Chicorée	100	13	55	
Mandarinen ohne Schale	120	55	233	1
Joghurt (3,5 %)	50	26	106	
1 EL Aceto balsamico	10	2	7	
geröstete Mandeln	5	10	43	
Austernpilze	150	27	114	
1 TL Sonnenblumenöl	5	46	194	
Tomaten	300	57	234	
Zwiebelwürfel	20	3	13	
1 Knoblauchzehe	3	4	16	
Naturreis	30	107	446	2

Außerdem: Salz, Pfeffer, Petersilie, Rosmarin

ZWISCHENMAHLZEIT:				
Orange mit Schale	180	64	265	1

	g	kcal	kJ	BE
ABENDESSEN:				
Griechischer Salat mit Vollkornbaguette				
Paprika	100	16	68	
Zwiebel	30	10	40	
Tomaten	100	19	78	
3–4 Eissalatblätter	40	5	22	
1 EL Olivenöl	10	93	388	
2 EL Rotweinessig	20	3	13	
schwarze Oliven	20	29	120	
Schafskäse	30	80	336	
Vollkornbaguette	60	137	573	2
Außerdem: Meersalz, Pfeffer				

kcal	kJ	E	F	KH	CH	HS	Ca	Mg	Fe	Vit. B_1	Vit. C	BE
		g	g	g	mg	mg	mg	mg	mg	mg	mg	
1255	5253	41,2	45,1	154,6	335,8	421	572	352	21,40	1,29	348,3	10

CHICORÉESALAT: Chicorée putzen und fein schneiden, Mandarinen in Schnitze teilen. Joghurt mit Aceto balsamico, Mandeln, Salz und Pfeffer glattrühren und mit dem feingeschnittenen Chicorée vermengen.

GEBRATENE AUSTERNPILZE: Die Austernpilze putzen. Mit Salz und Pfeffer würzen und in einer beschichteten Pfanne in der Hälfte des Öls von allen Seiten langsam braten. Die Tomaten kurz in kochendes Wasser tauchen, abziehen, vierteln, entkernen und fein hacken. Zwiebelwürfel und feingehackten Knoblauch im restlichen Öl anschwitzen. Die Tomaten zugeben und langsam erhitzen. Mit Salz, Pfeffer, Petersilie und Rosmarin würzen und auf einem Teller verteilen. Die Pilze darauf anrichten. Dazu gekochten Naturreis servieren.

GRIECHISCHER SALAT: Paprika und Zwiebel in Ringe, Tomaten in Achtel schneiden. Den Eissalat in Stücke zupfen. Mit Öl, Essig, Salz, Pfeffer und den Oliven mischen und mit dem geraspelten Schafskäse bestreuen.

III.	*g*	*kcal*	*kJ*	*BE*
FRÜHSTÜCK:				
Kaffee oder Tee				
Frischmilch (3,5 %)	10	7	28	
Knäckebrot	20	64	267	1
Vollkornbrot	30	61	255	1,5
Camembert (30 %)	20	39	165	
Tomaten	100	19	78	
Salatgurke	50	5	22	
Diätmargarine oder Butter	10	77	323	
ZWISCHENMAHLZEIT:				
frische Möhren	200	46	192	

MITTAGESSEN:

Blumenkohlfrischkost mit Paprika und Tomaten · Grünkern-Quarkplätzchen an Kartoffel-Gurkensalat

Blumenkohl	100	13	55	
Paprikaschote	50	8	34	
Tomaten	100	19	78	
4 EL Essig	40	6	27	
3 TL Sonnenblumenöl	15	139	582	
Grünkernschrot	40	137	574	2
Gemüsebrühe	100	8	34	
Magerquark	40	30	128	
Sonnenblumenkerne	5	30	124	
Vollkornsemmelbrösel	10	27	111	0,5
Kartoffeln	160	133	558	2
Gurkenscheiben	100	10	43	
Gemüsebrühe	40	3	14	

Außerdem: Salz, Pfeffer, Estragon, frische Kräuter nach Belieben, Petersilie, Dill

	g	*kcal*	*kJ*	*BE*
ZWISCHENMAHLZEIT:				
Orange mit Schale	180	64	265	1

ABENDESSEN:

Eissalat mit Käsestreifen und Croûtons, Pellkartoffeln

Eissalat	80	10	45	
Zwiebelringe	30	10	40	
Radieschen	30	4	17	
1 EL Rotweinessig	10	2	7	
1 EL Sonnenblumenöl	10	93	388	
Senf	10	9	37	
Edamer (30 %)	20	56	233	
Vollkorntoast	25	51	212	1
Pellkartoffeln	80	66	279	1

Außerdem: Salz, Pfeffer, Schnittlauch, Zwiebellauch

kcal	kJ	E	F	KH	CH	HS	Ca	Mg	Fe	Vit. B_1	Vit. C	BE
		g	g	g	mg	mg	mg	mg	mg	mg	mg	
1246	5215	44,8	47,1	142,9	36,9	333	671	354	11,73	1,29	304,6	10

BLUMENKOHLFRISCHKOST: Blumenkohl in winzige Röschen zerteilen oder grob raspeln. Paprika in feine Streifen und Tomaten in Würfel schneiden. Alle Zutaten mit 2 EL Essig, 1 TL Öl, Salz, Pfeffer, Estragon und Kräutern vermischen.

GRÜNKERN-QUARKPLÄTZCHEN: Grünkernschrot in kochende, gut gewürzte Gemüsebrühe einrühren. Aufkochen, bis die Brühe gebunden ist und auskühlen lassen. Quark, Sonnenblumenkerne, Semmelbrösel und frische Kräuter unterrühren. Abschmecken und Plätzchen formen. In einer beschichteten Pfanne in 1 TL Öl goldbraun anbraten. Zum Kartoffelsalat servieren.

KARTOFFELSALAT: Die Kartoffeln in der Schale kochen. Pellen, in Scheiben hobeln und zu den Gurkenscheiben geben.

Mit der heißen Gemüsebrühe, 2 EL Essig, 1 TL Öl, Salz, Pfeffer, gehackter Petersilie und Dill anmachen.

EISSALAT MIT KÄSESTREIFEN UND CROÛTONS: Eissalat in mundgerechte Stücke zupfen und mit Zwiebelringen, Radieschenscheiben und einem Dressing aus Essig, Salz, Pfeffer, Öl, Senf und Kräutern anmachen. Auf einem Teller anrichten und mit Käsestreifen, Zwiebellauchringen und Croûtons bestreuen. Für die Croûtons den Vollkorntoast in Würfel schneiden und in trockener Pfanne goldbraun anrösten. Dazu Pellkartoffeln servieren.

IV.	g	kcal	kJ	BE
FRÜHSTÜCK:				
Kaffee oder Tee				
Frischmilch (3,5 %)	10	7	28	
Frischer Obstsalat mit Haferflocken				
Orange mit Schale	180	64	265	1
Apfel	100	48	202	1
2 Kiwis	120	60	252	1
Grapefruitsaft, ungezuckert	100	53	224	1
Haferflocken	20	77	321	1
Pistazien, grobgehackt	10	63	262	
ZWISCHENMAHLZEIT:				
Joghurt (3,5 %)	150	77	318	0,5
MITTAGESSEN:				
Salat von frischen Champignons · Gebackener Kohlrabi mit Möhrensauce, Spinatnudeln				
Champignons	50	9	37	
2 EL Rotweinessig	20	3	13	
1 EL Sonnenblumenöl	10	93	388	
Kresse	20	6	23	
Radieschen	50	7	28	
1 kleiner Kohlrabi	120	20	85	
1 TL Vollkornmehl	10	33	136	0,5
1 kleines Hühnerei	45	76	316	
½ TL Sonnenblumenöl	5	46	194	
Spinatnudeln	40	142	596	2
Möhren	50	12	48	
Sauerrahm	20	24	102	

Außerdem: Salz, Pfeffer, Estragonzweig, Gemüsebrühe, Muskat, Dill, Petersilie

	g	kcal	kJ	BE
ZWISCHENMAHLZEIT:				
Apfel	100	48	202	1

ABENDESSEN:

Garnierter Edamer mit Möhren-Traubensalat

Edamer (30 %)	30	83	350	
Radieschen	50	7	28	
Salatgurken	50	5	22	
Möhren	150	35	144	
1 TL Traubenkernöl	5	46	194	
Mandelblättchen, geröstet	5	10	43	
Trauben	70	51	215	1
Knäckebrot	20	64	264	1

Außerdem: Salz, Pfeffer, Zitronensaft

kcal	kJ	E	F	KH	CH	HS	Ca	Mg	Fe	Vit. B_1	Vit. C	BE
		g	g	g	mg	mg	mg	mg	mg	mg	mg	
1269	5300	43,9	45,9	153,7	321,9	323	898	316	11,03	1,06	386	11

FRISCHER OBSTSALAT: Orange, Apfel und Kiwis fein würfeln und mit dem Grapefruitsaft vermischen. Auf einem Teller anrichten und mit Haferflocken und Pistazien bestreuen.

SALAT VON FRISCHEN CHAMPIGNONS: Champignons gründlich waschen und in Scheiben schneiden. Aus Essig, Öl, Salz, Pfeffer, Estragonblättern und etwas kalter Gemüsebrühe ein Dressing herstellen und die Champignons damit anmachen. Mit Kresse und Radieschenscheiben garnieren.

GEBACKENER KOHLRABI MIT KAROTTENSAUCE: Kohlrabi schälen und in 0,5 cm dicke Scheiben schneiden. In kräftig gewürzter Gemüsebrühe kernig garen und abkühlen lassen. Trockentupfen, in Vollkornmehl wenden und durch gewürztes, verquirltes Ei ziehen. In einer beschichteten Pfanne in wenig Öl ausbacken. Auf einem Teller anrichten. Mit Spinatnudeln und Möhrensauce anrichten.

MÖHRENSAUCE: Möhren in Stücke schneiden und in Gemüsebrühe weich garen. Die Möhren mit etwas Kochwasser und dem Sauerrahm mit einem Pürierstab zu einer cremigen Sauce mixen und mit Muskat, Pfeffer, Dill und Petersilie abschmecken.

MÖHREN-TRAUBENSALAT: Den Edamer mit Radieschen und Gurkenscheiben garnieren. Möhren fein raspeln und mit Salz, Pfeffer, 2 EL Zitronensaft und Traubenkernöl durchkneten. Die Mandeln und die halbierten Trauben untermischen und mit dem Knäckebrot servieren.

V.	g	kcal	kJ	BE
FRÜHSTÜCK:				
Kaffee oder Tee				
Frischmilch (3,5 %)	10	7	28	
1 Vollkornbrötchen	50	114	478	2
Reformmargarine oder Butter	10	77	323	
Diabetikermarmelade	25	26	108	0,5
Magerquark	30	23	96	
Birne	120	65	274	1
ZWISCHENMAHLZEIT:				
Tomaten	200	38	156	
MITTAGESSEN:				
Brokkoliauflauf mit Bircher-Benner-Kartoffeln · Apfelschnee mit Himbeeren				
Brokkoli	200	34	142	
1 Hühnerei	45	76	316	
Frischmilch (3,5 %)	60	40	167	
Emmentaler (45 %), gerieben	20	83	348	
Kartoffel	160	133	558	2
½ TL Sonnenblumenöl	5	46	194	
Boskop (säuerlicher Apfel)	100	48	202	1
Joghurt (3,5 %)	80	41	170	
Himbeeren	50	18	74	

Außerdem: Gemüsebrühe, Salz, Schnittlauch, Muskat, Pfeffer, Kümmel, Zitronensaft, Zimt, Süßstoff

ZWISCHENMAHLZEIT:	g	kcal	kJ	BE
2 Kiwis	120	68	288	1

	g	kcal	kJ	BE
ABENDESSEN:				
Nudelsalat mit Ei und Gemüse, Vollkornbrötchen				
1 kleines Hühnerei	45	76	316	
Vollkornnudeln	20	68	286	1
gekochte Möhre	30	7	29	
Erbsen (TK-Ware)	30	11	44	
grüne Bohnen, gekocht (TK-Ware)	30	8	35	
Gewürzgurke	30	2	8	
Joghurt (3,5 %)	40	20	85	
Vollkornbrötchen	50	114	478	2

Außerdem: Salz, frische Kräuter, Sojasauce, Pfeffer, Essig

kcal	kJ	E	F	KH	CH	HS	Ca	Mg	Fe	Vit. B_1	Vit. C	BE
		g	g	g	mg	mg	mg	mg	mg	mg	mg	
1244	5209	53,8	38,9	150,3	592,7	383	881	349	13,16	1,23	383,2	10,5

BROKKOLIAUFLAUF: Brokkoli in gewürzter Gemüsebrühe weich garen und abtropfen lassen. In eine kleine gefettete Porzellanschüssel geben. Ei mit Milch, Salz, Schnittlauch, Muskat und Pfeffer verquirlen und über den Brokkoli verteilen. Im Ofen bei 200° C ca. 25 Minuten stocken lassen. Den Emmentaler darüberstreuen und goldbraun überbacken.

BIRCHER-BENNER-KARTOFFEL: Von einer gut gewaschenen Kartoffel mit Schale 1 Scheibe abschneiden. Die Anschnittfläche der Kartoffel mit Salz und Kümmel einreiben und mit der Anschnittfläche nach unten auf ein gefettetes Backblech setzen. Im Ofen gar backen.

APFELSCHNEE: Apfel in kleine Stücke schneiden und mit wenig Wasser, Zitronensaft, Zimt und 1 Tropfen Süßstoff garen. Durch ein Sieb streichen und das Mus auskühlen lassen. Den Joghurt unterziehen, nochmals abschmecken und mit den Himbeeren garnieren.

Nudelsalat mit Ei und Gemüse: Hühnerei hart kochen und pellen. Nudeln in Salzwasser kochen und kalt abschrecken. Gemüse, Gurke und Ei fein würfeln und mit gehackten Kräutern und dem Joghurt unter die Nudeln mischen. Mit Sojasauce, Pfeffer, Essig und Salz abschmecken und 1–2 Stunden durchziehen lassen.

VI.	*g*	*kcal*	*kJ*	*BE*
FRÜHSTÜCK:				
Kaffee oder Tee				
Frischmilch (3,5 %)	10	7	28	
Weizenschrotmüsli mit Birne und Trauben				
Weizen, geschrotet	40	130	545	2
Naturjoghurt (3,5 %)	80	41	170	
gemahlene Mandeln	5	10	43	
Möhren	50	12	48	
Birne	60	32	137	0,5
Trauben	70	51	215	1
Außerdem: Zitronensaft, Süßstoff				
ZWISCHENMAHLZEIT:				
Rest der Birne	60	32	137	0,5
Trauben	70	51	215	1
MITTAGESSEN:				
Pampelmusen-Chicorée-Cocktail · Gemüserisotto mit gebratenen Zucchinischeiben				
Chicorée	100	13	55	
Pampelmuse ohne Schale	130	60	252	1
Naturjoghurt (3,5 %)	40	20	85	
Ketchup	10	11	46	
1 EL Worchestershiresauce	5	7	31	
Meerrettich, gerieben	5	3	13	
Zwiebeln	50	16	67	
2 Knoblauchzehen	5	6	26	
1 EL Olivenöl	10	93	388	
Naturreis	30	107	446	2
Gemüsebrühe	100	8	34	
Möhren	50	12	48	
Sellerie	50	8	31	

	g	kcal	kJ	BE
Zucchini	120	19	79	
Parmesan (30 %)	10	38	160	

Außerdem: Ingwer, Salz, Pfeffer, Angostura, Süßstoff, Lorbeerblatt

ZWISCHENMAHLZEIT:

Apfel	100	48	202	1

ABENDESSEN:

Bunter Salat, Lauchstangen »Schweizer Art«, Pellkartoffeln

Blattsalate nach Wahl	100	13	54	
1 EL Sonnenblumenöl	10	93	388	
2 EL Rotweinessig	20	3	13	
Zwiebelwürfel	20	6	27	
Lauch	200	52	220	
Gemüsebrühe	100	8	34	
Emmentaler oder Gruyère	20	83	348	
Pellkartoffeln	160	133	558	2

Außerdem: Salz, Pfeffer, frische Kräuter

kcal	kJ	E	F	KH	CH	HS	Ca	Mg	Fe	Vit. B_1	Vit. C	BE
		g	g	g	mg	mg	mg	mg	mg	mg	mg	
1226	5143	40,2	37,0	166,2	31,0	433	916	322	11,39	1,18	217,6	11

WEIZENSCHROTMÜSLI: Weizenschrot mit kaltem Wasser bedecken und über Nacht einweichen. Den Schrot morgens in einen tiefen Teller geben und mit Joghurt, Mandeln, feingeraspelten Möhren, Birnenwürfelchen und halbierten Trauben mischen. Mit Zitronensaft und Süßstoff nach Geschmack würzen.

PAMPELMUSEN-CHICORÉE-COCKTAIL: Chicoréeblätter waschen und auf einem großen Glasteller hübsch anrichten. Pampelmuse würfeln und auf dem Chicorée verteilen. Aus Joghurt, Ketchup, Worchestershiresauce, Meerrettich, Ingwer, Salz,

Pfeffer und je einem Spritzer Angostura und Süßstoff eine Sauce rühren und über dem Chicorée verteilen.

Gemüserisotto: Zwiebel- und Knoblauchwürfel in 1 TL Olivenöl anschwitzen, den Reis zugeben und mit der Gemüsebrühe auffüllen. Bei schwacher Hitze garen. Kurz vor Ende der Garzeit Möhren-, Selleriewürfel und das Lorbeerblatt zugeben. Mit Salz und Pfeffer nachwürzen und auf einem Teller anrichten. Zucchini schräg in 0,5 cm dicke Scheiben schneiden, salzen und pfeffern und in einer beschichteten Pfanne im restlichen Olivenöl goldbraun braten. Auf dem Reis anrichten und mit Parmesan bestreuen.

Lauchstangen »Schweizer Art«: Salat putzen und waschen und mit Öl, Essig, Salz, Pfeffer, frischen Kräutern und Zwiebelwürfeln anmachen. Lauch in 5 cm lange Stücke schneiden und gründlich waschen. In kräftig gewürzter Gemüsebrühe bei schwacher Hitze gar köcheln. Auf einem Teller anrichten und mit schwarzem Pfeffer bestreuen. Mit dem Käse überbacken. Dazu die Pellkartoffeln und den Salat servieren.

VII.

	g	*kcal*	*kJ*	*BE*
FRÜHSTÜCK:				
Kaffee oder Tee				
Frischmilch (3,5 %)	10	7	28	
Vollkornbrötchen	50	114	478	2
Knäckebrot	20	64	267	1
Reformmargarine oder Butter	10	77	323	
Diabetikermarmelade	25	26	108	0,5
Camembert (30 %)	20	39	165	
Tomaten	100	19	78	
Paprikaschote	50	8	34	
ZWISCHENMAHLZEIT:				
Apfel	100	48	202	1
MITTAGESSEN:				
Blattsalat · Tofuragout auf provenzalische Art, Vollkornnudeln				
Blattsalat nach Wahl	80	10	43	
2 EL Rotweinessig	20	3	13	
2 EL Olivenöl	20	185	776	
Tofu natur (Reformhaus)	100	72	300	
2 EL Sojasauce	20	23	96	
Zwiebeln	50	16	67	
2 Knoblauchzehen	5	6	26	
Tomatenmark	10	5	19	
Rotwein	50	30	126	
Paprikaschote	50	8	34	
frische Champignons	50	9	37	
Tomatenwürfel	100	19	78	
Vollkornnudeln	40	137	573	2

Außerdem: Salz, Pfeffer, frische Kräuter, Basilikum, Gemüsebrühe, Kräuter der Provence

	g	kcal	kJ	BE
ZWISCHENMAHLZEIT:				
Mandarinen	180	60	252	1

ABENDESSEN:

Angemachter Hüttenkäse, Vollkornknäckebrot, Tomatensalat

Hüttenkäse	40	34	143	
Zwiebelwürfel	30	10	40	
Gewürzgurke, kleingeschnitten	30	2	8	
Vollkornknäckebrot	30	96	401	1,5
Tomaten	200	38	156	
Zwiebelwürfel	30	9	37	
2 EL Rotweinessig	20	3	13	
1 TL Sonnenblumenöl	5	46	194	

Außerdem: Schnittlauch, Paprika, Kümmel, Salz, Pfeffer

kcal	kJ	E	F	KH	CH	HS	Ca	Mg	Fe	Vit. B_1	Vit. C	BE
		g	g	g	mg	mg	mg	mg	mg	mg	mg	
1223	5115	47,0	46,5	130,0	57,9	438	560	372	13,05	1,13	278,9	9

SALAT: Salat putzen und waschen. Essig, Salz, Pfeffer, 1 EL Öl und frische Kräuter verrühren und den Salat damit anmachen.

TOFURAGOUT AUF PROVENZALISCHE ART: Tofu in 1,5 cm große Würfel schneiden und mit Pfeffer, Basilikum und Sojasauce marinieren. Zwiebeln und Knoblauch würfeln und in 1 EL Olivenöl anschwitzen. Das Tomatenmark zugeben, kräftig anrösten und mit Rotwein und etwas Gemüsebrühe ablöschen. Paprika- und Champignonwürfel hinzugeben und in der Sauce kernig garen. Zum Schluß die Tomatenwürfel und den Tofu zugeben und einmal aufkochen. Mit Pfeffer, Basilikum und Kräutern der Provence abschmecken. Dazu die Vollkornnudeln servieren.

ABENDESSEN: Hüttenkäse mit Zwiebelwürfeln, Gewürzgurken und Schnittlauch vermischen. Mit Paprika und Kümmel abschmecken. Tomaten in Scheiben schneiden und mit Zwiebelwürfeln, Essig, Salz, Pfeffer und Öl anmachen.

VIII.	*g*	*kcal*	*kJ*	*BE*
FRÜHSTÜCK:				
Kaffee oder Tee				
Frischmilch (3,5 %)	10	7	28	
Bunter Früchteteller mit Hüttenkäse				
Apfel	100	48	202	1
Banane	90	53	220	0,5
Kirschen	100	60	253	1
Kiwi	60	34	144	0,5
Hüttenkäse	30	26	107	
ZWISCHENMAHLZEIT:				
Möhren	200	46	192	
MITTAGESSEN:				
Zucchinisalat mit Tomaten und Paprika · Camembert in Sesamhülle mit Pellkartoffeln				
Zucchini	100	16	66	
Tomaten	100	19	78	
Paprikaschote	50	8	34	
schwarze Oliven	10	14	60	
2 EL Rotweinessig	20	3	13	
1 EL Olivenöl	10	93	388	
Camembert (30 %)	60	203	849	
Frischmilch (3,5 %)	20	13	56	
Vollkornsemmelbrösel	10	27	111	0,5
Sesam	3	18	74	
1 TL Sonnenblumenöl	5	46	194	
Pellkartoffeln	160	133	558	2
Außerdem: Salz, Pfeffer, Basilikum, Gemüsebrühe				
ZWISCHENMAHLZEIT:				
Birne	120	65	274	1

	g	*kcal*	*kJ*	*BE*
Abendessen:				
Eiersalat mit Vollkornbrot				
Hühnerei, gekocht	45	76	316	
Salatgurke	50	5	22	
Tomaten	100	19	78	
Joghurt (3,5 %)	70	36	148	
Worchestershiresauce	10	15	61	
Vollkornbrot	60	122	509	2

Außerdem: Salz, Pfeffer, Petersilie und andere Kräuter nach Wahl

kcal	kJ	E	F	KH	CH	HS	Ca	Mg	Fe	Vit. B_1	Vit. C	BE
		g	g	g	mg	mg	mg	mg	mg	mg	mg	
1208	5047	44,6	45,1	138,0	311,6	253	792	285	11,30	0,92	255,0	8,5

Bunter Früchteteller mit Hüttenkäse: Obst in Scheiben oder Schnitze schneiden und auf einem Teller anrichten. Mit dem Hüttenkäse garnieren.

Zucchinisalat mit Tomaten und Paprika: Zucchini und Tomaten in dünne Scheiben schneiden und im Wechsel auf einem Teller anrichten. Paprika und Oliven fein hacken und über den Salat streuen. Aus Essig, Öl, Salz, Pfeffer, Basilikum und etwas Gemüsebrühe eine Salatsauce herstellen und über den Salat verteilen.

Camembert in Sesamhülle: Camembert quer halbieren und mit schwarzem Pfeffer würzen. In Milch tauchen und mit einem Gemisch aus Vollkornsemmelbröseln und Sesam panieren. Fest andrücken und in einer beschichteten Pfanne in wenig Öl goldbraun braten. Dazu Pellkartoffeln servieren.

Eiersalat: Gekochtes Hühnerei in Scheiben schneiden und mit Gurken- und Tomatenscheiben auf einem Teller anrichten. Joghurt mit Worchestershiresauce, Salz, Pfeffer und Kräutern abschmecken und über den Eiersalat verteilen.

IX.

	g	kcal	kJ	BE
FRÜHSTÜCK:				
Kaffee oder Tee				
Frischmilch (3,5 %)	10	7	28	
Knäckebrot	10	32	134	0,5
Vollkornbrot	60	122	509	2
Reformmargarine oder Butter	10	77	323	
Diabetikermarmelade	25	26	108	0,5
Magerquark	30	23	96	
ZWISCHENMAHLZEIT:				
Orange mit Schale	180	64	265	1

MITTAGESSEN:

Bunte Salatschüssel · Sesam-Gemüseküchle auf Paprikaschaum, Vollkornspaghetti

Blattsalate nachWahl	80	10	43	
2 EL Rotweinessig	20	3	13	
1 EL Maiskeimöl	10	93	389	
Sesam	5	30	124	
Möhren	50	12	48	
Sellerie	50	8	31	
Kartoffeln	40	42	175	0,5
½ Hühnerei	25	42	176	
Vollkornsemmelbrösel	10	27	111	0,5
1 TL Sonnenblumenöl	5	46	194	
grüne Paprikaschote	120	19	82	
Sauerrahm	10	12	51	
Vollkornspaghetti	30	103	430	1,5

Außerdem: Salz, Pfeffer, frische Kräuter, Liebstöckel, Muskat, Gemüsebrühe

ZWISCHENMAHLZEIT:

Orange mit Schale	180	64	265	1

	g	kcal	kJ	BE
ABENDESSEN:				
Vollkorntoast »Spanische Art« · Melonensalat				
Vollkorntoast	50	113	472	2
vegetarischer Brotaufstrich	15	36	153	
Tomaten	100	19	78	
Paprikaschote	50	8	34	
Zwiebelringe	30	10	40	
grüne Oliven	10	14	60	
Kapern	5	21	87	
Maiskörner	20	14	57	
Schafskäse	20	54	224	
Honigmelone ohne Schale	100	31	129	1
Wassermelone mit Schale	260	65	273	1
2 EL Portwein, trocken	20	33	139	

Außerdem: Oregano, Pfeffer

kcal	kJ	E	F	KH	CH	HS	Ca	Mg	Fe	Vit. B_1	Vit. C	BE
		g	g	g	mg	mg	mg	mg	mg	mg	mg	
1280	5341	39,9	44,9	157,1	216,9	500	607	335	12,54	1,28	426,5	11,5

SALATSCHÜSSEL: Salat putzen und waschen. Essig, Salz, Pfeffer, Öl und Kräuter vermischen und den Salat damit anmachen.

SESAM-GEMÜSEKÜCHLE AUF PAPRIKASCHAUM: Sesam in trokkener Pfanne goldbraun rösten. Möhren, Sellerie und Kartoffeln kochen, abschütten und ausdampfen lassen. Nach dem Auskühlen in feine Würfel schneiden und zusammen mit $^1/_2$ Ei, Semmelbrösel, Sesam, Liebstöckel, Salz, Pfeffer und Muskat gut durchkneten. Kleine Küchle formen und in einer beschichteten Pfanne in Öl braun braten. Auf dem Paprikaschaum anrichten und mit den Spaghetti servieren.

PAPRIKASCHAUM: Die Paprika in Stücke schneiden und in wenig Gemüsebrühe gar dünsten. Mit einem Mixstab fein pürieren. Erwärmen und mit dem Sauerrahm aufschlagen. Mit Salz und Pfeffer abschmecken.

VOLLKORNTOAST »SPANISCHE ART«: Vollkorntoast mit Sojaparfait bestreichen und mit Tomatenscheiben, Paprikastreifen und Zwiebelringen belegen. Mit Oliven, Kapern und Maiskörnern bestreuen. Mit Oregano und Pfeffer würzen und mit geraspeltem Schafskäse bestreuen.

MELONENSALAT: Honig- und Wassermelone in Würfel schneiden und in einem Cocktailglas anrichten. Mit Portwein marinieren.

X.	g	kcal	kJ	BE
FRÜHSTÜCK:				
Kaffee oder Tee				
Frischmilch (3,5 %)	10	7	28	
Orangenmüsli mit Himbeeren				
Orange mit Schale	180	64	265	1
Himbeeren (TK-Ware)	100	35	148	0,5
Kürbiskerne	5	31	128	
Gerstenflocken	30	104	435	1,5
Buttermilch	150	104	435	0,5
Honig (nicht für Diabetiker)	10	31	132	
Außerdem: Zimt, eventuell Süßstoff				
ZWISCHENMAHLZEIT:				
Banane	180	106	440	2
MITTAGESSEN:				
Vollkornflädle mit Champignonragout, Blattspinat · Beerensalat mit Sauerrahm				
2 EL Weizenmehl	20	65	273	1
Milch (3,5 %)	40	26	111	
½ Hühnerei	25	42	176	
Champignons	150	26	110	
Zwiebelwürfel	30	10	40	
1 TL Sonnenblumenöl	5	46	194	
1 TL Butter	5	39	162	
Blattspinat	150	23	95	
Mandeln	5	10	43	
Himbeeren (TK-Ware)	100	35	148	0,5
Blaubeeren (TK-Ware)	30	28	117	0,5
Sauerkirschen (TK-Ware)	50	30	127	0,5
Kirschwasser	20	50	208	

	g	kcal	kJ	BE
Sauerrahm	20	24	102	

Außerdem: Salz, Pfeffer, gemahlener Koriander, Muskat, Zitronensaft, frische Kräuter, Süßstoff

ZWISCHENMAHLZEIT:

2 Kiwis	120	68	288	1

ABENDESSEN:

Gemüse-Carpaccio mit Tomatendressing, Vollkornbrötchen

Zucchini	30	5	20	
Rettich, rot	30	3	12	
Kohlrabi	30	5	21	
Tomaten	100	19	78	
2 EL Aceto balsamico	20	3	13	
1 TL Sonnenblumenöl	5	46	194	
Senfsprossen	10	3	14	
Vollkornbrötchen	50	114	478	2

Außerdem: Salz, Pfeffer, Gemüsebrühe

kcal	kJ	E	F	KH	CH	HS	Ca	Mg	Fe	Vit. B_1	Vit. C	BE
		g	g	g	mg	mg	mg	mg	mg	mg	mg	
1202	5023	39,7	34,4	151,5	213,1	479	766	454	16,08	1,07	374,4	11

ORANGENMÜSLI: Orange schälen, in Würfel schneiden und mit aufgetauten Himbeeren auf einem Suppenteller verteilen. Mit Kürbiskernen und Gerstenflocken bestreuen. Buttermilch mit Honig (ersatzweise eventuell Süßstoff) und etwas Zimt abschmecken und über die Früchte gießen. 10 Minuten ziehen lassen, dann servieren.

VOLLKORNFLÄDLE MIT CHAMPIGNONRAGOUT: Mehl mit Milch, $^1/_2$ Ei, Salz, Pfeffer, gemahlenem Koriander und Muskat glattrühren und ruhen lassen. In einer beschichteten Pfanne ausbacken und mit dem Champignonragout füllen. Für das Ragout die Champignons putzen, waschen und halbieren. Zwiebelwürfel im Öl anschwitzen, die Pilze zugeben und mit Salz, Pfeffer, Muskat und Zitronensaft würzen. Unter Rühren ca. 3–4 Minuten anrösten. Mit Kräutern bestreuen und abschmecken. Die Butter erhitzen und den gewaschenen und abgetropften Spinat zugeben. Würzen und zusammenfallen lassen. Erhitzen, abschmecken und mit Mandeln bestreuen.

BEERENSALAT: Die gefrorenen Beeren mit einem Spritzer Süßstoff und Kirschwasser mischen und in einer Glasschale anrichten. Nach dem Auftauen mit Sauerrahm verzieren und servieren.

GEMÜSE-CARPACCIO: Zucchini, Rettich und Kohlrabi in hauchdünne Scheiben hobeln und im Wechsel flach auf einem Teller anrichten. Tomaten in kochendes Wasser halten, abziehen und durch ein feines Sieb streichen. Das Mus mit Essig, Öl, Salz, Pfeffer und eventuell etwas Gemüsebrühe glattrühren. Mit einem Pinsel auf die Gemüsescheiben streichen und mit Senfsprossen bestreuen.

I.	*g*	*kcal*	*kJ*	*BE*
FRÜHSTÜCK:				
Kaffee oder Tee				
Frischmilch (3,5 %)	10	7	28	
Vollkornbrötchen	50	114	478	2
Butter oder Reformmargarine	10	77	323	
Knäckebrot	10	32	134	0,5
Lachsschinken ohne Fettrand	10	43	180	
Diabetikerkonfitüre	25	26	108	0,5
ZWISCHENMAHLZEIT:				
Apfel	100	48	202	1
MITTAGESSEN:				
Klare Zwiebelsuppe · Bismarckhering »Hausfrauen Art«, Pellkartoffeln				
Zwiebeln	100	32	133	
$\frac{1}{2}$ TL Sonnenblumenöl	3	28	116	
Bouillon, entfettet	200	16	68	
Weißwein, trocken	30	20	82	
Bismarckhering	80	134	562	
Apfel	30	14	61	
Gewürzgurken	30	2	8	
Zwiebeln	20	6	27	
Joghurt (3,5 %)	70	36	148	
Pellkartoffeln	160	133	558	2

Außerdem: Vegetarische Streuwürze, Salz, Pfeffer, Schnittlauch, Petersilie

ZWISCHENMAHLZEIT:				
Orange mit Schale	180	64	265	1

	g	kcal	kJ	BE
ABENDESSEN:				
Garniertes Schinkenbrot				
Vollkornbrot	60	144	602	2
Diätmargarine oder Butter	10	77	323	
Schwarzwälder Schinken ohne Fettrand	20	40	167	
Tomaten	100	19	78	
Paprikaschote	50	8	34	
Perlzwiebeln	50	38	159	
2 Kiwis	120	68	288	1

kcal	kJ	E	F	KH	CH	HS	Ca	Mg	Fe	Vit. B_1	Vit. C	BE
		g	g	g	mg	mg	mg	mg	mg	mg	mg	
1226	5132	45,3	40,2	153,0	129,8	537	450	321	11,52	1,11	341,6	10

ZWIEBELSUPPE: Zwiebeln in Scheiben schneiden und in einer beschichteten Pfanne in Öl goldbraun anschwitzen. Mit Bouillon auffüllen und gar kochen. Mit Weißwein, vegetarischer Streuwürze und Pfeffer abschmecken.

BISMARCKHERING »HAUSFRAUEN ART«: Apfel, Gurken und Zwiebeln in feine Scheiben schneiden und mit dem Joghurt vermischen. Mit Salz, Pfeffer und Gurkenfond abschmecken und über den Hering geben. Mit Schnittlauch und Petersilie bestreuen. Mit Pellkartoffeln servieren.

II.	*g*	*kcal*	*kJ*	*BE*
FRÜHSTÜCK:				
Kaffee oder Tee				
Frischmilch (3,5 %)	10	7	28	
Vollkornschrotbrot	60	137	574	2
Butter oder Reformmargarine	10	77	323	
Edamer (30 %)	20	56	233	
Diabetikerkonfitüre	25	26	108	0,5
Birne	120	54	228	1
ZWISCHENMAHLZEIT:				
Möhrenstifte	100	23	96	
Kohlrabistifte	100	17	71	
MITTAGESSEN:				
Paprika-Tomatensalat · Hähnchenbrust in Currysauce, Naturreis, Gurkengemüse mit Dill · Dickmilch mit Orangen				
grüne Paprikaschote	100	16	68	
Tomaten	100	19	78	
Zwiebeln	20	6	27	
Knoblauch	2	3	10	
1 EL Rotweinessig	10	2	7	
$\frac{1}{2}$ TL Olivenöl	3	28	116	
Hähnchenbrust ohne Haut	80	90	376	
1 TL Sonnenblumenöl	5	46	194	
Lauch	20	7	31	
Sellerie	20	3	12	
Zwiebeln	20	6	27	
Gemüsebrühe	100	8	34	
Frischmilch (3,5 %)	20	13	56	
Naturreis	30	107	446	2
Salatgurke (oder Zucchini)	200	20	86	
Orange mit Schale	180	64	265	1

	g	kcal	kJ	BE
Dickmilch (3,5 %)	125	85	358	0,5

Außerdem: Salz, Pfeffer, Basilikum, Curry, Nestargel, Gemüsebrühe, Dill, Süßstoff

ZWISCHENMAHLZEIT:

Apfel	100	48	202	1

ABENDESSEN:

Schinkenröllchen auf Blattsalat

Eissalat	40	5	22	
Chicorée	40	5	22	
Radicchio	40	5	22	
1 EL Essig	10	2	7	
1 EL Sonnenblumenöl	10	93	388	
gekochter Schinken ohne Fettrand	40	86	360	
Spargelspitzen	60	8	33	
Knäckebrot	20	64	267	1

Außerdem: Salz, Pfeffer, Kräuter

kcal	kJ	E	F	KH	CH	HS	Ca	Mg	Fe	Vit. B_1	Vit. C	BE
		g	g	g	mg	mg	mg	mg	mg	mg	mg	
1236	5175	58,9	46,6	128,9	134,6	523	759	338	12,92	1,25	348,7	9

PAPRIKA-TOMATENSALAT: Paprikaschoten in Streifen und Tomaten in Achtel schneiden. Mit Zwiebelwürfeln, Knoblauch, Salz, Pfeffer, Basilikum, Essig und Olivenöl vermischen.

HÄHNCHENBRUST IN CURRYSAUCE: Hähnchenbrust in Öl anbraten, herausnehmen und warm stellen. Feine Lauch-, Sellerie- und Zwiebelwürfel in dem Bratfett anschwitzen, mit Curry bestreuen und mit Gemüsebrühe auffüllen. 2–3 Minuten kochen lassen und mit etwas Nestargel abbinden. Die Sauce abschmecken, mit der Milch verfeinern und über die Hähnchenbrust geben. Dazu den Naturreis servieren.

GURKENGEMÜSE: Die geschälte Gurke halbieren und in Stücke schneiden. Mit etwas Gemüsebrühe gar dünsten und mit Salz und Pfeffer abschmecken. Mit reichlich Dill bestreuen.

DICKMILCH MIT ORANGEN: Orange schälen, Fruchtfleisch in Würfel schneiden und unter die Dickmilch rühren. Eventuell mit Süßstoff abschmecken.

SCHINKENRÖLLCHEN AUF BLATTSALAT: Die Salate putzen und waschen. Essig, Öl, Salz, Pfeffer und Kräuter verrühren und mit den Salatblättern vermischen. Mit Schinkenröllchen und Spargelspitzen garnieren.

III.	*g*	*kcal*	*kJ*	*BE*
FRÜHSTÜCK:				
Kaffee oder Tee				
Frischmilch (3,5 %)	10	7	28	
Hafermüsli mit Apfel				
Haferflocken, grob	40	154	643	2
Korinthen	20	57	239	1
Frischmilch	70	46	195	
Apfel	50	24	101	0,5
Sonnenblumenkerne	10	59	248	
Himbeeren (TK-Ware)	20	7	30	
Außerdem: Süßstoff				
ZWISCHENMAHLZEIT:				
Orange mit Schale	180	64	265	1
MITTAGESSEN:				
Möhrenrohkost mit Apfel · Kalbsgulasch mit frischen Pilzen, Vollkornspaghetti				
Möhren	150	35	144	
Apfel	50	24	101	0,5
1 EL Sonnenblumenöl	10	93	388	
Mandelblättchen, geröstet	5	10	43	
Kalbfleisch ohne Fett	80	108	453	
Zwiebelwürfel	50	16	67	
Tomatenmark	10	5	19	
Gemüsebrühe	100	8	34	
Pilze	100	17	73	
(z. B. Champignons, Steinpilze, Pfifferlinge)				
Sauerrahm	10	12	51	
Vollkornspaghetti	40	137	573	2

Außerdem: Salz, Pfeffer, Zitronensaft, Rosmarin, Koriander, Petersilie

	g	kcal	kJ	BE
Zwischenmahlzeit:				
Pflaumen mit Stein	110	57	240	1
Abendessen:				
Bunter Fischsalat mit Vollkorntoast				
Rotbarschfilet	50	59	244	
Tomaten	100	19	78	
Salatgurke	50	5	22	
Zwiebeln	20	6	27	
Maiskörner	20	14	57	
Kapern	10	42	175	
2 EL Essig	20	3	13	
1 EL Sonnenblumenöl	10	93	388	
Eissalat	30	4	16	
Vollkorntoast	25	56	236	1

Außerdem: Salz, Pfeffer, Gemüsebrühe, Petersilie, Dill

kcal	kJ	E	F	KH	CH	HS	Ca	Mg	Fe	Vit. B_1	Vit. C	BE
		g	g	g	mg	mg	mg	mg	mg	mg	mg	
1241	5192	57,3	43,5	136,9	149,2	645	553	381	14,78	1,44	190,6	9

Hafermüsli: Haferflocken und Korinthen mit etwas Wasser und der Milch übergießen und 10 Minuten einweichen. Den Apfel grob raspeln und mit den Sonnenblumenkernen unter das Müsli rühren. Eventuell mit Süßstoff süßen und mit Himbeeren garnieren.

Möhrenrohkost mit Apfel: Möhren und Apfel fein raspeln und mit Pfeffer, wenig Salz, Zitronensaft und 1 TL Öl anmachen. Auf einem Glasteller anrichten und mit Mandeln bestreuen.

Kalbsgulasch mit Pilzen: Kalbfleisch in Stücke schneiden und mit den Zwiebeln in einer beschichteten Pfanne im restlichen Öl goldbraun anbraten. Das Tomatenmark zugeben und mitrösten, mit der Gemüsebrühe auffüllen. Mit Salz, Pfeffer, Rosmarin und geschrotetem Koriander abschmecken und fertiggaren. Ca. 7 Minuten vor Ende der Garzeit die halbierten Pilze zugeben und mitgaren. Mit Sauerrahm und gehackter Petersilie verfeinern. Dazu Spaghetti reichen.

BUNTER FISCHSALAT: Rotbarsch in Würfel schneiden und in wenig Gemüsebrühe mit Salz und Pfeffer bei schwacher Hitze gar dünsten. Nach dem Auskühlen die in Würfel geschnittenen Tomaten, Gurke und Zwiebeln sowie Maiskörner, Kapern und frische Kräuter zugeben. Mit Salz, Pfeffer, Essig und Öl vorsichtig vermischen. Einige Minuten durchziehen lassen und auf Salatblättern anrichten.

IV.

	g	kcal	kJ	BE
FRÜHSTÜCK:				
Kaffee oder Tee				
Frischmilch (3,5 %)	10	7	28	
Vollkornbrötchen	50	114	478	2
Butter oder Reformmargarine	10	77	323	
Hüttenkäse	20	17	71	
Diabetikerkonfitüre	25	26	108	0,5
ZWISCHENMAHLZEIT:				
Vollkornbrot mit Schwarzwälder Schinken				
Vollkornbrot	30	69	287	1
Butter oder Reformmargarine	5	39	162	
Schwarzwälder Schinken ohne Fettrand	15	30	125	
Gewürzgurken	100	7	28	
MITTAGESSEN:				
Irish Stew · Apfelschnee mit Sauerkirschen				
Lammfleisch ohne Fett	80	125	523	
Gemüsebrühe	200	16	68	
Weißkraut	100	19	79	
Zwiebeln	80	26	106	
Möhren	80	18	77	
Kartoffeln	80	66	279	1
Diätmargarine oder Butter	5	39	162	
Apfel	100	48	202	1
Sauerrahm	20	24	102	
Sauerkirschen (TK-Ware)	50	29	119	0,5

Außerdem: Lorbeer, Nelke, Salz, Pfeffer, Petersilie, Minze, Zitronensaft, Süßstoff, Zimt, gemahlener Ingwer

	g	*kcal*	*kJ*	*BE*
ZWISCHENMAHLZEIT:				
Pampelmuse mit Schale	200	60	252	1
ABENDESSEN:				
Corned beef mit Senfgurken und eingelegtem Kürbis				
Corned beef	40	62	259	
Senfgurken	60	6	25	
Kürbis	60	12	49	
Diätmargarine oder Butter	10	77	323	
Vollkornbrot	60	137	574	2
Mandarinen mit Schale	180	55	233	1

kcal	kJ	E	F	KH	CH	HS	Ca	Mg	Fe	Vit. B_1	Vit. C	BE
		g	g	g	mg	mg	mg	mg	mg	mg	mg	
1205	5042	54,5	42,1	133,7	198,2	501	386	283	11,46	0,95	238,0	10

IRISH STEW: Lammfleisch in Würfel schneiden, in Gemüsebrühe aufsetzen und mit Lorbeer, Nelke, Pfeffer und Salz halb weich kochen. Bei Bedarf Flüssigkeit nachgießen. Gemüse und Kartoffeln in gleich große Würfel schneiden und mit in die Brühe geben. Bei schwacher Hitze fertiggaren. Nach dem Garen Diätmargarine und gehackte Petersilie sowie etwas gehackte Minze zugeben und sehr heiß servieren.

APFELSCHNEE: Apfelstücke mit Zitronensaft, Süßstoff, Zimt und wenig Wasser garen und durch ein Sieb streichen. Nach dem Auskühlen mit Sauerrahm verrühren und mit etwas Ingwer abschmecken. Mit den Sauerkirschen garnieren und gekühlt servieren.

V.	*g*	*kcal*	*kJ*	*BE*
FRÜHSTÜCK:				
Kaffee oder Tee				
Frischmilch (3,5 %)	10	7	28	
Vollkornknäckebrot	30	96	401	1,5
Butter oder Reformmargarine	10	77	323	
Magerquark mit Kräutern	30	23	96	
Tomaten	100	19	78	
Radieschen	40	5	22	
ZWISCHENMAHLZEIT:				
2 Kiwis	120	68	288	1
MITTAGESSEN:				
Pikanter Sauerbraten mit Kartoffelklößen und Rotkrautsalat · Apfelkompott mit Johannisbeeren				
Rindfleisch, mager	100	154	643	
Wurzelgemüse	60	19	80	
1 EL Sonnenblumenöl	10	93	388	
Tomatenmark	20	9	38	
Rotwein, trocken	20	12	50	
Rosinen	10	29	120	0,5
Kartoffelklöße	120	131	548	2
Rotkohl	150	27	116	
Zwiebelwürfel	20	6	27	
4 EL Essig	40	6	27	
Apfel	100	48	202	1
Johannisbeeren	20	9	38	

Außerdem: Salz, Pfeffer, Wacholder, Kümmel, Süßstoff, Zimt, Zitronensaft, Zitronenmelisse

ZWISCHENMAHLZEIT:				
Orange mit Schale	180	64	265	1

	g	kcal	kJ	BE
ABENDESSEN:				
Käsesalat mit Radieschen und Kresse				
Schnittkäse nach Wahl (30 %)	30	83	350	
Radieschen	50	7	28	
Staudensellerie	50	2	8	
Walnüsse	10	28	118	
Kresse	20	6	23	
1 EL Rotweinessig	10	2	7	
1 TL Sonnenblumenöl	5	46	194	
Vollkornbrot	60	137	574	2

Außerdem: Pfeffer, Salatblätter zum Garnieren

kcal	kJ	E	F	KH	CH	HS	Ca	Mg	Fe	Vit. B_1	Vit. C	BE
		g	g	g	mg	mg	mg	mg	mg	mg	mg	
1213	5080	56,4	40,4	131,8	96,7	471	629	295	12,22	0,95	323,0	9

PIKANTER SAUERBRATEN: (Dieses Gericht sollte man unbedingt für mehrere Personen zubereiten.) Eingelegten Sauerbraten abtropfen lassen und mit dem Wurzelgemüse in 1 TL Öl von allen Seiten anbraten. Tomatenmark zugeben, mit anrösten und mit der Beize und etwas Wasser ablöschen. Gar schmoren und die Sauce mit Salz, Pfeffer und wenig zerdrücktem Wacholder abschmecken. Mit Rotwein und Rosinen verfeinern und mit Klößen servieren.

ROTKOHLSALAT: Rotkohl fein hobeln und mit Zwiebelwürfeln, Salz, Pfeffer, Kümmel, Essig und dem restlichen Öl kräftig und lange durchkneten, damit der Salat schön mürbe wird. Eventuell mit einem Tropfen Süßstoff abschmecken.

APFELKOMPOTT: Apfel schälen, vierteln und in feine Scheiben schneiden. Mit Zimt, Zitronensaft, Süßstoff und etwas Wasser kernig garen. Mit Johannisbeeren und Zitronenmelisse garnieren.

Käsesalat mit Radieschen und Kresse: Schnittkäse in Rauten, Radieschen in Scheiben und Staudensellerie in feine Streifen schneiden. Mit den gehackten Nüssen, Kresse, Pfeffer, Essig und Öl vermischen und auf einigen Salatblättern anrichten.

VI.	*g*	*kcal*	*kJ*	*BE*
FRÜHSTÜCK:				
Kaffee oder Tee				
Frischmilch (3,5 %)	10	7	28	
Gerstenschrotmüsli mit Orange				
Gerstenschrot	40	141	590	2
Orange mit Schale	180	64	265	1
Pistazien	10	63	262	
Honig (nicht für Diabetiker)	10	31	132	
Buttermilch	70	48	203	
ZWISCHENMAHLZEIT:				
Vollkornbrot mit Edamer und Radieschen				
Vollkornbrot	30	69	287	1
Margarine oder Butter	5	39	162	
Edamer (30 %)	20	56	233	
Radieschen	50	7	28	
MITTAGESSEN:				
Fenchelrohkost mit Orange · Kalbsschnitzel mit grünen Bohnen, Fondantkartoffeln				
Fenchel	100	27	113	
1 TL Essig	5	1	3	
1 TL Sonnenblumenöl	5	46	194	
Orange ohne Schale	65	32	133	0,5
Mandelblättchen	5	10	43	
Kartoffeln	80	66	279	1
1 EL Diätmargarine oder Butter	10	77	323	
grüne Bohnen	200	54	230	
Kalbsschnitzel, mager	80	108	453	

Außerdem: Salz, Pfeffer, Gemüsebrühe, Muskat, Bohnenkraut, Petersilie

	g	*kcal*	*kJ*	*BE*
ZWISCHENMAHLZEIT:				
Apfel	100	48	202	1
ABENDESSEN:				
Bunter Salat mit Lyoner				
Feldsalat	30	5	19	
Gurke	80	8	34	
Rettich	80	8	32	
Möhren	80	18	77	
Tomaten	100	19	78	
Zwiebelwürfel	20	6	27	
2 EL Essig	20	3	13	
1 TL Sonnenblumenöl	5	46	194	
Lyoner, fettarm	20	51	215	
Vollkornbaguette	50	114	478	2

Außerdem: Salz, Pfeffer, frische Kräuter, Gemüsebrühe

kcal	kJ	E g	F g	KH g	CH mg	HS mg	Ca mg	Mg mg	Fe mg	Vit. B_1 mg	Vit. C mg	BE
1272	5330	56,9	46,8	139,8	119,2	497	838	347	16,83	1,42	400,3	8,5

GERSTENSCHROTMÜSLI: Gerstenschrot knapp mit Wasser bedecken und über Nacht einweichen. Orange schälen, würfeln und mit den gehackten Pistazien, Honig und der Buttermilch unter den Gerstenschrot mischen.

FENCHELROHKOST MIT ORANGE: Fenchel halbieren, den Strunk herausschneiden und den Fenchel fein hobeln. Salz, Pfeffer, Essig, Öl und ein paar Tropfen Gemüsebrühe verrühren, unter den Fenchel mischen und durchziehen lassen. Mit Orangenwürfeln und Mandeln bestreuen und servieren.

KALBSSCHNITZEL MIT GRÜNEN BOHNEN UND FONDANTKARTOFFELN: Die geschälten Kartoffeln halbieren, mit Salz und Pfeffer würzen und mit Butter einpinseln. Im Ofen bei 200°C backen. Die Bohnen mit wenig Gemüsebrühe, Salz, Muskat und Pfeffer kernig garen. Mit Bohnenkraut und Petersilie bestreuen. Das Kalbsschnitzel in einer mit Butter eingefetteten Pfanne von beiden Seiten kurz goldbraun braten und mit den Beilagen servieren.

BUNTER SALAT: Salate und Gemüse putzen und kleinschneiden. Essig, Salz, Pfeffer, Öl, Gemüsebrühe und Kräuter verrühren und unter den Salat mischen. Mit Scheiben von Lyoner garnieren.

VII.	g	kcal	kJ	BE
FRÜHSTÜCK:				
Kaffee oder Tee				
Frischmilch (3,5 %)	10	7	28	
Vollkornbrötchen	50	114	478	2
Butter oder Reformmargarine	10	77	323	
Diabetikerkonfitüre	25	26	108	0,5
Hüttenkäse	20	17	71	
ZWISCHENMAHLZEIT:				
Tomaten	200	38	156	
Möhren	200	46	192	
MITTAGESSEN:				
Rotbarschfilet in Eihülle, Kräuterkartoffeln, Gurkensalat · Orangengelee				
Rotbarschfilet	80	94	390	
½ Hühnerei	25	42	176	
1 TL Diätmargarine oder Butter	5	39	162	
Kartoffeln ohne Schale	80	66	279	1
Salatgurke	200	20	86	
2 EL Essig	20	3	13	
1 TL Sonnenblumenöl	5	46	194	
Zwiebelwürfel	20	6	27	
1 Blatt Gelatine	2	7	28	
Orangensaft, frisch gepreßt	100	49	204	1
Orangenwürfel	60	29	122	0,5
Sauerrahm	10	12	51	

Außerdem: Salz, Pfeffer, Zitronensaft, Worchestershiresauce, Petersilie, Liebstöckel, Dill, Zitronenmelisse

ZWISCHENMAHLZEIT:				
Apfel	100	48	202	1

	g	*kcal*	*kJ*	*BE*
ABENDESSEN:				
Farmersalat mit gekochtem Schinken				
Paprikaschote	50	8	34	
Zwiebeln	30	10	40	
Maiskörner (Konserve)	30	31	131	0,5
Kidneybohnen	30	60	251	0,5
Orangenwürfel	60	29	122	0,5
1 EL Essig	10	2	7	
1 EL Maiskeimöl	10	93	389	
5 EL Gemüsebrühe	50	4	17	
gekochter Schinken ohne Fett	30	65	270	
Vollkornbrot	60	137	574	2

Außerdem: Salz, Pfeffer, Schnittlauch, Bohnenkraut

kcal	kJ	E	F	KH	CH	HS	Ca	Mg	Fe	Vit. B_1	Vit. C	BE
		g	g	g	mg	mg	mg	mg	mg	mg	mg	
1225	5125	58,2	42,8	135,3	289,1	468	482	351	13,66	1,35	296,0	9,5

ROTBARSCHFILET IN EIHÜLLE: Fischfilet mit Salz, Pfeffer, Zitronensaft und Worchestershiresauce würzen, durch ein verquirltes Ei ziehen und in einer beschichteten Pfanne in wenig Butter von beiden Seiten goldbraun braten. Die Kartoffeln schälen, in wenig Salzwasser garen und mit reichlich gehackten Kräutern bestreuen. Gurke fein hobeln. Essig, Salz, Pfeffer, Dill, Öl und Zwiebelwürfel verrühren und mit den Gurkenscheiben vermischen.

ORANGENGELEE: Die Gelatine in kaltem Wasser einweichen, ausdrücken, in ein kleines Gefäß geben und im kochenden Wasserbad zerlaufen lassen. Den Orangensaft in die Gelatine einrühren, die Orangenwürfel zugeben und in einem Glas kühl stellen. Mit Sauerrahm und Zitronenmelisse garnieren.

FARMERSALAT: Paprika und Zwiebeln in Streifen schneiden und Maiskörner, Kidneybohnen und Orangenwürfel zugeben. Mit Essig, Öl, Schnittlauch, Bohnenkraut, Gemüsebrühe, Salz und Pfeffer anmachen. Mit einem Schinkenröllchen garnieren.

VIII.	*g*	*kcal*	*kJ*	*BE*
FRÜHSTÜCK:				
Kaffee oder Tee				
Frischmilch (3,5 %)	10	7	28	
Dinkelschrotmüsli mit Feigen				
Feigen, getrocknet	20	58	242	1
Dinkelschrot	40	130	545	2
Haselnüsse, grob geschrotet	10	68	285	
Banane mit Schale	90	53	220	1
Joghurt (3,5 %)	70	36	148	
Außerdem: Beeren zum Garnieren				
ZWISCHENMAHLZEIT:				
Orange mit Schale	180	64	265	1
MITTAGESSEN:				
Geschnetzeltes Schweinefilet »Normandie«, überbackener Chicorée, Kartoffelschnee · Buttermilchgelee mit Mandarinen				
Schweinefilet	80	125	522	
Bratensaft	80	10	30	
Champignons, frisch	40	7	29	
Apfelstücke	40	19	41	
Dosenmilch (10 %)	10	18	77	
Chicorée	150	20	83	
½ TL Sonnenblumenöl	3	28	116	
Edamer (30 %), gerieben	10	28	117	
Kartoffeln ohne Schale	80	66	279	1
Buttermilch	100	69	290	
1 Blatt Gelatine	2	7	28	
Mandarinenfilets	60	28	116	0,5
Außerdem: Salz, Pfeffer, Süßstoff				

	g	*kcal*	*kJ*	*BE*
ZWISCHENMAHLZEIT:				
2 Kiwis	120	68	288	1

ABENDESSEN:

Angemachter Camembert

Camembert (30 %)	40	79	329	
Diätmargarine oder Butter	5	39	162	
Zwiebelwürfel	20	6	27	
Tomaten	200	38	156	
1 Blatt Eissalat	20	3	11	
Vollkornbrot	60	137	574	2

Außerdem: Schnittlauch, Petersilie, Paprika

kcal	kJ	E	F	KH	CH	HS	Ca	Mg	Fe	Vit. B_1	Vit. C	BE
		g	g	g	mg	mg	mg	mg	mg	mg	mg	
1211	5008	60,5	34,3	140,1	98,3	450	898	369	10,98	1,72	281,7	9,5

MÜSLI: Feigen in kleine Würfel schneiden und mit dem Dinkelschrot über Nacht in Wasser einweichen. Mit Nüssen, Bananenwürfeln und Joghurt mischen und mit einigen Beeren garnieren.

GESCHNETZELTES SCHWEINEFILET »NORMANDIE«: Schweinefleisch in Streifen schneiden und in einer beschichteten Pfanne kurz anbraten. Warm stellen. Den Bratensatz mit dem Bratensaft ablöschen, die Champignons und Apfelstücke zugeben und kurz aufkochen lassen. Die Pfanne vom Herd nehmen und die Dosenmilch zugeben. Das Fleisch hineingeben und kurz durchziehen lassen. Mit Salz und Pfeffer abschmecken und servieren.

BEILAGEN: Chicorée in wenig Öl andünsten, etwas Wasser zugeben und gar dünsten. Auf einer feuerfesten Platte anrichten und mit Käse überbacken. Kartoffeln dämpfen, durch die

Kartoffelpresse drücken und rechts und links vom Chicorée anrichten.

BUTTERMILCHGELEE MIT MANDARINEN: Buttermilch mit flüssigem Süßstoff abschmecken und die Mandarinenschnitze hineingeben. Die Gelatine in Wasser einweichen, ausdrücken, in ein kleines Gefäß geben und im kochenden Wasserbad zerlaufen lassen. Unter die Buttermilch rühren und einige Stunden gut kühlen.

ANGEMACHTER CAMEMBERT: Camembert mit der Gabel gut zerdrücken und mit der Margarine, den Zwiebeln, Kräutern und Paprika vermischen. Mit den Tomatenscheiben und etwas Petersilie auf einem Salatblatt anrichten.

IX.

	g	kcal	kJ	BE
FRÜHSTÜCK:				
Kaffee oder Tee				
Frischmilch (3,5 %)	10	7	28	
Vollkornbrötchen	50	114	478	2
Reformmargarine oder Butter	10	77	323	
Diabetikerkonfitüre	25	26	108	0,5
Honig (nicht für Diabetiker)	10	31	132	
ZWISCHENMAHLZEIT:				
Knäckebrot mit Camembert				
Knäckebrot	20	64	267	1
Reformmargarine oder Butter	5	39	162	
Camembert (30 %)	30	59	247	
Salatgurke	50	5	22	
MITTAGESSEN:				
Möhreneintopf mit Hackfleischbällchen · Erdbeerschaum				
gehacktes Rindfleisch, sehr mager	60	92	386	
½ Hühnerei	25	42	176	
¼ Vollkornbrötchen	15	34	143	0,5
Gemüsebrühe	200	16	68	
Möhren	200	46	192	
Kartoffelwürfel	80	66	279	1
Erdbeeren	100	32	136	0,5
Joghurt (3,5 %)	80	41	170	
1 Blatt Gelatine	2	7	28	
Sauerrahm	20	24	102	

Außerdem: Kümmel, Salz, Pfeffer, Paprika, Petersilie, Dill, Süßstoff, Zitronensaft

	g	kcal	kJ	BE
ZWISCHENMAHLZEIT:				
Apfel	100	48	202	1

	g	kcal	kJ	BE
ABENDESSEN:				
Pikanter Hähnchentoast mit Feldsalat				
Hähnchenbrust ohne Haut	50	56	235	
½ TL Öl	2	19	78	
Vollkorntoast	50	115	479	2
Paprikaschote	20	3	14	
Zwiebeln	20	6	27	
Gewürzgurke	20	2	6	
Emmentaler (45 %)	20	83	348	
Feldsalat	100	15	64	
Zwiebelwürfel	20	6	27	
2 EL Essig	20	3	13	
1 EL Sonnenblumenöl	10	93	388	

Außerdem: Salz, Pfeffer

kcal	kJ	E	F	KH	CH	HS	Ca	Mg	Fe	Vit. B_1	Vit. C	BE
		g	g	g	mg	mg	mg	mg	mg	mg	mg	
1271	5328	67,1	48,7	123,9	305,4	455	828	294	13,73	1,01	191,6	8,5

MITTAGESSEN: Aus Rindfleisch, Ei, in Wasser eingeweichtem und ausgedrücktem Brötchen, Kümmel, Salz, Pfeffer und Paprika Hackfleischbällchen machen und in der Brühe garen. Die Brühe abgießen und darin die Möhrenscheiben und die Kartoffelwürfel gar kochen. Die Fleischbällchen daraufgeben und mit reichlich Petersilie und Dill bestreuen.

ERDBEERSCHAUM: Erdbeeren pürieren und mit dem Joghurt verrühren. Die Gelatine in Wasser einweichen, ausdrücken, in ein kleines Gefäß geben und im kochenden Wasserbad zerlaufen lassen. In den Joghurt einrühren, mit Süßstoff und Zitronensaft abschmecken und den Sauerrahm unterziehen. Gut gekühlt servieren.

ABENDESSEN: Hähnchenbrust mit Salz und Pfeffer würzen und in wenig Öl braten. Auskühlen lassen, in Scheiben schneiden und auf den Toast legen. Paprika- und Zwiebelwürfel sowie Gurkenstreifen daraufgeben und mit dem Käse überbacken. Den Salat putzen und waschen. Zwiebelwürfel, Essig, Salz, Pfeffer und Öl verrühren und unter den Salat mischen.

X.	*g*	*kcal*	*kJ*	*BE*
FRÜHSTÜCK:				
Kaffee oder Tee				
Frischmilch (3,5 %)	10	7	28	
Süßer Getreidebrei mit Apfel				
Frischmilch (3,5 %)	70	46	195	
Rosinen	20	57	239	1
Sechskorn-Getreidemischung (Reformhaus)	40	130	545	2
Apfel	100	48	202	1
Haselnüsse, gemahlen	10	68	285	

Außerdem: Zimt, Süßstoff

ZWISCHENMAHLZEIT:				
2 Kiwis	120	68	288	1

MITTAGESSEN:

Rote-Bete-Rohkost · Gekochtes Rindfleisch in Meerrettichsauce, Bouillonkartoffeln,Wirsing · Heidelbeerjoghurt

Rote Bete	100	29	120	
Apfel	50	24	101	0,5
1 EL Essig	10	2	7	
1 TL Sonnenblumenöl	5	46	194	
gekochtes Rindfleisch, mager	80	123	514	
Meerrettich, gerieben	20	13	53	
Kartoffeln ohne Schale	80	66	279	1
Wurzelgemüse	50	12	48	
Wirsing	150	35	146	
Butter oder Reformmargarine	5	39	162	
Joghurt (3,5 %)	125	64	265	0,5
Heidelbeeren (TK-Ware)	30	28	117	0,5

Außerdem: Salz, Pfeffer, Fleischbrühe, Nestargel, frische Kräuter, Muskat, vegetarische Streuwürze, Süßstoff

	g	kcal	kJ	BE
ZWISCHENMAHLZEIT:				
Apfel	100	48	202	1
ABENDESSEN:				
Pikanter Quark mit Pellkartoffeln				
Magerquark	60	46	191	
Zwiebelwürfel	20	6	27	
Essiggurkenwürfel	20	1	6	
Pellkartoffeln	160	133	558	2
1 EL Butter	10	77	323	

Außerdem: frische Kräuter

kcal	kJ	E	F	KH	CH	HS	Ca	Mg	Fe	Vit. B_1	Vit. C	BE
		g	g	g	mg	mg	mg	mg	mg	mg	mg	
1216	5095	52,6	36,8	150,0	100,4	395	619	290	11,77	1,07	294,8	10,5

SÜSSER GETREIDEBREI: Milch mit Zimt und Rosinen aufkochen. Den Getreideschrot einrühren und 5 Minuten quellen lassen. Den grob geraspelten Apfel und die Nüsse dazugeben. Eventuell mit etwas Süßstoff nachsüßen.

ROTE-BETE-ROHKOST: Rote Bete und Apfel fein raspeln und mit Salz, Pfeffer, Essig und Öl anmachen.

GEKOCHTES RINDFLEISCH MIT MEERRETTICHSAUCE: Meerrettich in 40 g Fleischbrühe einrühren und bei Bedarf mit Nestargel abbinden. Mit Pfeffer, Salz und frischen Kräutern würzen und über das gekochte Rindfleisch geben.

BOUILLONKARTOFFELN: Kartoffeln in 1 cm große Würfel schneiden und mit dem kleingeschnittenen Wurzelgemüse und etwas Fleischbrühe gar kochen. Mit reichlich Kräutern bestreuen.

WIRSING: Wirsing in grobe Stücke oder Streifen schneiden und mit etwas Fleischbrühe gar dünsten. Den Wirsing mit Muskat, Pfeffer und vegetarischer Streuwürze abschmecken. Mit Butter oder Margarine abglänzen.

HEIDELBEERJOGHURT: Joghurt mit den Heidelbeeren glattrühren und nach Geschmack mit etwas Süßstoff süßen.

PIKANTER QUARK MIT PELLKARTOFFELN: Den Quark mit Zwiebeln, Essiggurken und frischen Kräutern pikant anmachen. Die Pellkartoffeln in zerlassener Butter schwenken und dazu servieren.

I.	*g*	*kcal*	*kJ*	*BE*
FRÜHSTÜCK:				
Kaffee oder Tee				
Frischmilch (3,5 %)	10	7	28	
Müsli von gekeimtem Weizen mit Himbeeren				
Weizen, gekeimt	40	130	545	2
Kefir	80	55	232	
Pfirsich	70	30	125	0,5
Himbeeren (TK-Ware)	100	35	148	0,5
Mandelblättchen, geröstet	10	21	86	
Außerdem: Süßstoff, Zimt				
ZWISCHENMAHLZEIT:				
Frühlingsknäcke				
Vollkornknäckebrot	20	64	267	1
Reformmargarine oder Butter	5	39	162	
Salatgurke	50	5	22	
Tomaten	100	19	78	
Hüttenkäse	20	17	71	
Kresse	10	3	12	
Außerdem: Salz, Pfeffer				
MITTAGESSEN:				
Chicorée-Rohkost mit Kresse und Mandarinen · Kalbsschnitzel »Cordon bleu«, Folienkartoffeln				
Chicorée	100	13	55	
Kresse	20	6	23	
Mandarinenfilets	60	28	116	0,5
Joghurt (3,5 %)	30	15	64	
Kalbsschnitzel	60	101	421	
gekochter Schinken ohne Fett	10	22	90	
1 Scheibe Emmentaler (45 %)	10	42	174	

	g	kcal	kJ	BE
½ TL Sonnenblumenöl	3	28	116	
Kartoffeln mit Schale	160	133	558	2

Außerdem: Zitronensaft, Salz, Pfeffer, Worchestershiresauce

ZWISCHENMAHLZEIT:

Tomaten	200	38	156	

ABENDESSEN:

Melonencocktail mit Schinkenstreifen

Honigmelone ohne Schale	100	31	129	1
Champignons, frisch	30	5	19	
Schwarzwälder Schinken ohne Fett	20	40	167	
Joghurt (3,5 %)	50	26	106	
Vollkorntoast	50	115	479	2
Diätmargarine oder Butter	10	77	323	

Außerdem: Ketchup, Dill, Meersalz, Pfeffer, Worchestershiresauce

kcal	kJ	E	F	KH	CH	HS	Ca	Mg	Fe	Vit. B_1	Vit. C	BE
		g	g	g	mg	mg	mg	mg	mg	mg	mg	
1145	4772	60,7	33,9	129,2	143,8	483	630	361	12,59	1,27	213,1	9,5

MÜSLI VON GEKEIMTEM WEIZEN: Weizen nach Vorschrift keimen lassen (in der Keimbox). Mit Kefir, Pfirsichwürfeln und Himbeeren vermengen. Nach Geschmack mit Süßstoff und Zimt abschmecken und mit Mandeln bestreuen.

FRÜHLINGSKNÄCKE: Knäckebrot mit Margarine bestreichen und mit Gurken- und Tomatenscheiben belegen. Mit Hüttenkäse und Kresse garnieren und mit etwas Salz und schwarzem Pfeffer würzen.

CHICORÉE-ROHKOST: Chicorée in Streifen schneiden und mit Kresse und Mandarinenfilets vermischen. Joghurt mit Zitronensaft, Salz, Pfeffer und Worchestershiresauce vermischen und über den Salat geben.

KALBSSCHNITZEL »CORDON BLEU«: Kalbsschnitzel dünn klopfen und mit Schinken und Käse füllen. Mit einem Holzspieß zusammenstecken und mit Salz und Pfeffer würzen. In einer beschichteten Pfanne kurz von beiden Seiten anbraten. Die Kartoffeln waschen und in Folie hüllen. Im Backofen bei hoher Temperatur garen.

MELONENCOCKTAIL: Honigmelone in Würfel schneiden und in einem Cocktailglas anrichten. Champignons und Schinken fein würfeln und auf die Melone geben. Joghurt mit etwas Ketchup, Dill, Salz, Pfeffer und Worchestershiresauce glattrühren und über den Cocktail geben.

II.	*g*	*kcal*	*kJ*	*BE*
FRÜHSTÜCK:				
Kaffee oder Tee				
Frischmilch (3,5 %)	10	7	28	
Vollkornbrot mit Lachsschinken und marinierten Zucchini				
Vollkornbrot	60	137	574	2
Butter oder Reformmargarine	5	39	162	
Lachsschinken ohne Fettrand	20	72	301	
Zucchini	100	16	66	
1 EL Aceto balsamico	10	2	7	
1 TL Olivenöl	5	46	194	
Außerdem: Pfeffer, Basilikum				
ZWISCHENMAHLZEIT:				
frische Papaya	250	60	248	1
MITTAGESSEN:				
Zanderfilet auf Gurken-Kartoffelgemüse mit gebratenen Tomaten · Ananas-Joghurtsülze auf Erdbeermark				
Tomaten	100	19	78	
Zanderfilet	80	83	347	
1 EL Butter	10	77	323	
Kartoffeln ohne Schale	160	133	558	2
Salatgurke	80	8	34	
Gemüsebrühe	50	4	17	
1 Blatt Gelatine	2	7	28	
Joghurt (3,5 %)	80	41	170	
Ananas, ungezuckert	50	28	118	0,5
Erdbeeren	40	13	54	

Außerdem: Salz, Pfeffer, Zitronensaft, Worchestershiresauce, frische Kräuter, Muskat, Süßstoff

	g	kcal	kJ	BE
ZWISCHENMAHLZEIT:				
Möhren	200	46	192	

ABENDESSEN:

Salat »Ratatouille« mit Vollkornbrötchen

	g	kcal	kJ	BE
Aubergine	100	18	75	
Zucchini	100	16	66	
Zwiebeln	50	16	67	
Paprikaschote	50	8	34	
Tomaten	100	19	78	
Knoblauch	5	6	26	
1 EL Olivenöl	10	93	388	
Vollkornbrötchen	50	114	478	2
Apfel	100	48	202	1

Außerdem: Salz, Pfeffer, Oregano, Rosmarin

kcal	kJ	E	F	KH	CH	HS	Ca	Mg	Fe	Vit. B_1	Vit. C	BE
		g	g	g	mg	mg	mg	mg	mg	mg	mg	
1176	4913	51,1	40,3	136,8	86,1	454	488	393	13,12	1,30	374,0	8,5

MARINIERTE ZUCCHINI: Zucchini in Scheiben schneiden und mit Essig, Öl, Pfeffer und Basilikum würzen. Kurz durchziehen lassen.

ZANDERFILET AUF GURKEN-KARTOFFELGEMÜSE: Tomaten vierteln, entkernen und in Streifen schneiden. Zanderfilet mit Salz, Pfeffer, Zitronensaft und Worchestershiresauce würzen und in einer beschichteten Pfanne in 1 TL Butter von beiden Seiten braten. Tomatenstreifen in die Pfanne geben, durchschwenken, pfeffern und über das Fischfilet geben. Mit reichlich frischen Kräutern bestreuen.

GURKEN-KARTOFFELGEMÜSE: Kartoffeln und Gurke in 1 cm große Würfel schneiden. Kartoffeln in Gemüsebrühe halbgar kochen, dann die Gurkenwürfel zugeben und fertigkochen. Nach dem Garen sollte die Flüssigkeit völlig verkocht sein. Nun mit Salz, Pfeffer, Kräutern und Muskat würzen, die restliche Butter zugeben und zum Fisch servieren.

ANANAS-JOGHURTSÜLZE AUF ERDBEERMARK: Gelatine in kaltem Wasser einweichen, ausdrücken, in ein kleines Gefäß geben und im kochenden Wasserbad zerlaufen lassen. In den Joghurt einrühren, die in Würfel geschnittene Ananas zugeben und mit Süßstoff abschmecken. In ein mit kaltem Wasser ausgespültes Förmchen füllen. Nach dem Gelieren stürzen und auf Erdbeermark anrichten. Dazu Erdbeeren im Mixer pürieren und mit Süßstoff abschmecken.

SALAT »RATATOUILLE«: Das Gemüse in gleich große Stücke schneiden. Die Zwiebelwürfel mit feingehacktem Knoblauch in Olivenöl anschwitzen und die Auberginen, Paprika und Zucchini zugeben. Mit etwas Wasser bzw. Gemüsebrühe ablöschen und mit Salz, Pfeffer, Oregano und Rosmarin würzen. Zugedeckt gar schmoren und zum Schluß die Tomaten zugeben. Wenn das Gemüse gar ist, sollte kaum noch Flüssigkeit im Topf sein. Noch einmal abschmecken, abkühlen lassen und servieren.

III.	*g*	*kcal*	*kJ*	*BE*
FRÜHSTÜCK:				
Kaffee oder Tee				
Frischmilch (3,5 %)	10	7	28	
Vollkornbrötchen	50	114	478	2
Butter oder Reformmargarine	10	77	323	
kalter Kalbsbraten ohne Fett	20	27	113	
Gorgonzola	20	77	323	
Cocktailtomaten	50	10	39	
Cornichons	50	4	14	
ZWISCHENMAHLZEIT:				
frische Kirschen	200	120	560	2
MITTAGESSEN:				
Gefüllte Gurke mit Quark · Kalbsleber mit Apfelscheiben, Kartoffelpüree, Kopfsalat · Himbeercreme				
Salatgurke	100	10	43	
Magerquark	30	23	96	
Tomatenwürfel	30	6	23	
Kalbsleber	80	120	501	
Apfelscheiben	50	24	101	0,5
1 EL Sonnenblumenöl	10	93	388	
frisch gekochte Salzkartoffeln	80	66	279	1
Frischmilch (3,5 %)	30	20	83	
Kopfsalat	50	7	28	
1 EL Essig	10	2	7	
1 Blatt Gelatine	2	7	28	
Frischmilch (3,5 %)	60	40	167	
Himbeeren	120	42	178	0,5

Außerdem: Schnittlauch, Salz, Pfeffer, Muskat, frische Kräuter, Zitronenmelisse

ZWISCHENMAHLZEIT:				
Wassermelone mit Schale	260	91	380	1

	g	kcal	kJ	BE
ABENDESSEN:				
Tomatensalat mit Mozzarella				
Tomaten	300	57	234	
Mozzarella	20	56	232	
Schalottenwürfel	30	23	97	
1 EL Rotweinessig	10	2	7	
1 TL Olivenöl	5	46	194	
Vollkornbaguette	50	114	478	2

Außerdem: Basilikum, Salz, Pfeffer, Gemüsebrühe

kcal	kJ	E	F	KH	CH	HS	Ca	Mg	Fe	Vit. B_1	Vit. C	BE
		g	g	g	mg	mg	mg	mg	mg	mg	mg	
1285	5422	57,7	46,3	132,5	367,8	552	616	306	17,16	1,23	211,5	9

GEFÜLLTE GURKE MIT QUARK: Gurke halbieren, schälen und aushöhlen. Quark mit Schnittlauch, Tomatenwürfeln, Salz und Pfeffer glattrühren und in die Gurkenhälften füllen.

KALBSLEBER MIT APFELSCHEIBEN: Kalbsleber und Apfelscheiben in 1 TL Öl von beiden Seiten anbraten. Die Leber salzen und pfeffern und mit den Apfelscheiben belegen. Aus gekochten Kartoffeln und Milch einen Kartoffelbrei herstellen, mit Muskat abschmecken und zur Leber servieren. Kopfsalat putzen und waschen. Essig, Salz, Pfeffer, 1 TL Öl und reichlich Kräuter verrühren und unter den Salat mischen.

HIMBEERCREME: Gelatine in kaltem Wasser einweichen, ausdrücken, in ein kleines Gefäß geben und im kochenden Wasserbad zerlaufen lassen. Kalte Milch zugeben und kurz vor dem Gelieren Himbeermark unterrühren und mit Süßstoff abschmecken. Für das Himbeermark die Hälfte der Himbeeren im Mixer pürieren. Die Creme mit den restlichen Himbeeren und Zitronenmelisse garnieren.

TOMATENSALAT MIT MOZZARELLA: Tomaten in Scheiben schneiden und auf einen großen Teller fächerartig anrichten. Mit geriebenem Mozzarella, Schalottenwürfeln und Basilikum bestreuen. Essig, Öl, Salz und Pfeffer mit etwas kalter Gemüsebrühe glattrühren und über den Salat träufeln.

IV.	g	kcal	kJ	BE
FRÜHSTÜCK:				
Kaffee oder Tee				
Frischmilch (3,5 %)	10	7	28	
Roggenschrotmüsli mit Dörrobst				
Roggenschrot	40	126	525	2
Dörrobst, gemischt	20	57	239	1
Joghurt (3,5 %)	70	36	148	
Cashewnüsse, gehackt	10	61	254	
Außerdem: Beeren zum Garnieren				
ZWISCHENMAHLZEIT:				
frische Aprikosen	130	64	269	1
MITTAGESSEN:				
Lammschnitzel mit Kräutern, Grilltomaten, grüne Bohnen, gebratene Kartoffeln · Orangensalat mit Minze				
Kartoffeln ohne Schale	80	66	279	1
Zwiebeln	20	6	27	
1 EL Olivenöl	10	93	388	
Tomaten	200	38	156	
Lammschnitzel aus der Keule, sehr mager	80	125	523	
grüne Bohnen	150	41	173	
Butter	3	23	97	
Orangen mit Schale	360	128	530	2
Grand Marnier (nicht für Diabetiker)	10	35	147	
Außerdem: Knoblauch, Salz, Pfeffer, Rosmarin, Kräuter der Provence, Bohnenkraut, Minze				
ZWISCHENMAHLZEIT:				
frische Feigen	90	59	250	1

	g	kcal	kJ	BE
ABENDESSEN:				
Fischsalat »Miami Beach«, Vollkorntoast				
Kabeljaufilet (oder Rotbarsch, Zander)	60	52	216	
Spargelspitzen	50	7	28	
Ananaswürfel	30	17	71	0,5
Mandarinenfilets	60	28	116	0,5
Eissalat	30	4	16	
Joghurt (3,5 %)	30	15	64	
Tomatenketchup	10	11	46	
Vollkorntoast	50	114	478	2

Außerdem: Salz, Worchestershiresauce, Pfeffer, Angostura, Cognac

kcal	kJ	E	F	KH	CH	HS	Ca	Mg	Fe	Vit. B_1	Vit. C	BE
		g	g	g	mg	mg	mg	mg	mg	mg	mg	
1213	5068	55,3	28,5	157,0	99,6	523	542	353	11,40	1,39	264,1	11

ROGGENSCHROTMÜSLI: Roggenschrot knapp mit Wasser bedecken. Die Trockenfrüchte in Würfel schneiden, zugeben und über Nacht einweichen. Mit dem Joghurt und den gehackten Cashewnüssen vermischen und mit einigen Beeren verzieren.

LAMMSCHNITZEL MIT KRÄUTERN UND GEMÜSE: Die Kartoffeln in 1 cm große Würfel schneiden und mit Zwiebelwürfeln und etwas Knoblauch in 1 TL Öl in einer beschichteten Pfanne braten. Mit Salz und Pfeffer würzen. Tomaten über Kreuz einritzen, mit Salz und Pfeffer bestreuen und im Grill überbacken (falls Sie keinen Grill haben, die Tomaten halbieren und von beiden Seiten in einer Pfanne braten). Das Lammschnitzel mit Salz, Pfeffer, Rosmarin und Kräutern der Provence einreiben und in der beschichteten Pfanne kurz vor dem Servieren im restlichen Öl braten. Die Bohnen in wenig Salzwasser dünsten, mit Butter und Bohnenkraut verfeinern.

Orangensalat mit Minze: Orangen mit einem scharfen Messer so schälen, daß kein weißes Häutchen an der Frucht bleibt. Nun mit einem dünnen, scharfen Messer die Haut der Fruchtfilets abziehen und die Filets mit etwas Orangenlikör beträufeln. Mit Minze garnieren und servieren.

Fischsalat »Miami Beach«: Fischfilet in Würfel schneiden und in wenig Salzwasser gar dünsten. Nach dem Auskühlen mit Spargel- und Ananaswürfeln sowie mit Mandarinenfilets vermischen und auf Eissalatblättern anrichten. Joghurt mit Ketchup, Worchestershiresauce, Salz, Pfeffer, Angostura und eventuell 1 Tropfen Cognac glattrühren und über den Salat geben. Dazu den frischen Vollkorntoast reichen.

V.	*g*	*kcal*	*kJ*	*BE*
FRÜHSTÜCK:				
Kaffee oder Tee				
Frischmilch (3,5 %)	10	7	28	
Hafer-Pflaumenmüsli				
Haferflocken, grob	40	154	643	2
Buttermilch	150	104	435	0,5
frische Pflaumen	150	86	360	1,5
Kürbiskerne	10	61	256	
Außerdem: Süßstoff, Zimt				
ZWISCHENMAHLZEIT:				
Grapefruitsalat mit Shrimps				
Eissalat	30	4	16	
Shrimps	20	18	77	
½ Grapefruit ohne Schale	60	25	103	0,5
Naturjoghurt (3,5 %)	30	15	64	
Tomatenmark	5	2	10	
Meerrettich	5	3	13	
Vollkorntoast	25	57	239	1
Außerdem: Meersalz, Pfeffer, Worchestershiresauce				
MITTAGESSEN:				
Gegrilltes Rinderfiletsteak, Blumenkohl, Bircher-Benner-Kartoffel · Gedünstete Pflaumen mit Ingwersauce				
Rinderfilet	80	123	514	
1 TL Sonnenblumenöl	5	46	194	
Blumenkohl	150	20	83	
Kartoffel mit Schale	80	66	279	1
Pflaumen mit Stein	220	125	528	2
Rotwein	30	18	75	
Joghurt (3,5 %)	50	26	102	

	g	kcal	kJ	BE
Ingwerwurzel	10	5	21	

Außerdem: Salz, Pfeffer, frische Kräuter, Kümmel, Zitronensaft, Zimt, Süßstoff

ZWISCHENMAHLZEIT:

Apfel	100	48	202	1

ABENDESSEN:

Gemüsecocktail mit Vollkornbrötchen

Möhre	50	12	48	
Sellerie	50	8	31	
Bohnen	50	14	58	
Champignons	30	5	22	
Chicorée	30	4	17	
Joghurt (3,5 %)	40	20	85	
Bündnerfleisch	20	40	167	
Vollkornbrötchen	50	114	478	2

Außerdem: Salz, Pfeffer, Dill, Zitronenmelisse, Liebstöckel

kcal	kJ	E	F	KH	CH	HS	Ca	Mg	Fe	Vit. B_1	Vit. C	BE
		g	g	g	mg	mg	mg	mg	mg	mg	mg	
1230	5152	61,5	30,1	153,1	120,4	610	648	380	13,95	1,49	180,2	11,5

HAFER-PFLAUMENMÜSLI: Haferflocken mit Buttermilch übergießen und 15 Minuten einweichen. Pflaumen in Würfel schneiden und mit den Kürbiskernen zum Müsli geben. Mit Süßstoff und Zimt abschmecken.

GRAPEFRUITSALAT: Eissalat waschen, etwas zerkleinern und ein Cocktailglas damit auslegen. Shrimps und Grapefruitwürfel daraufgeben. Joghurt mit Tomatenmark, Meerrettich und Worchestershiresauce glattrühren und mit Salz und Pfeffer abschmecken. Über den Grapefruitsalat geben und Vollkorntoast dazu servieren.

GEGRILLTES RINDERFILET MIT BLUMENKOHL: Das Filetsteak mit Salz und Pfeffer würzen und im Öl in der Pfanne braten. Die Blumenkohlröschen in wenig Salzwasser garen und mit frisch gehackten Kräutern bestreuen.

BIRCHER-BENNER-KARTOFFEL: Von einer gründlich gewaschenen Kartoffel eine Scheibe abschneiden. Die Anschnittfläche der Kartoffel mit Salz und Kümmel bestreuen. Die Kartoffel mit der Anschnittfläche nach unten auf ein gefettetes Blech setzen und im Backofen bei 200 °C goldbraun backen.

GEDÜNSTETE PFLAUMEN MIT INGWERSAUCE: Pflaumen vierteln und mit wenig Wasser, Rotwein, Zitronensaft, Zimt und Süßstoff bißfest dünsten. Nach dem Garen sollte wenig Saft übrig sein. Die Pflaumen ohne Saft auf einem Glasteller anrichten. Joghurt mit Zimt, gehacktem Ingwer und Süßstoff glattrühren und über die Pflaumen geben.

GEMÜSECOCKTAIL: Möhre, Sellerie und Bohnen in Würfel schneiden und in wenig Wasser bißfest garen. Die frischen Champignons in Würfel schneiden. Gewaschene Chicoréeblätter auf einem Glasteller anrichten und die Gemüsewürfel daraufgeben. Aus Joghurt, Salz, Pfeffer und frischen Kräutern eine Sauce herstellen und über den Cocktail geben. Mit Streifen von Bündnerfleisch bestreuen.

VI.	*g*	*kcal*	*kJ*	*BE*
FRÜHSTÜCK:				
Kaffee oder Tee				
Frischmilch (3,5 %)	10	7	28	
Vollkorntoast	50	114	478	2
Butter oder Reformmargarine	10	77	323	
Bündnerfleisch	20	40	167	
Honigmelone ohne Schale	100	31	129	1
ZWISCHENMAHLZEIT:				
Tsatsiki				
Salatgurke	50	5	22	
Schalotten	10	8	32	
Joghurt (3,5 %)	125	64	265	0,5

Außerdem: Knoblauch, Schnittlauch, Meersalz, Pfeffer

MITTAGESSEN:

Rohkostvariationen · Gefüllte Kalbsroulade, Spinatlaibchen, Fondantkartoffeln

Rettich	50	5	20	
Möhren	50	12	48	
Staudensellerie	50	5	20	
Joghurt (3,5 %)	30	15	64	
1 TL Sonnenblumenöl	5	46	194	
Walnüsse	5	31	132	
Kalbsschnitzel mager, dünn geklopft	80	108	453	
Parmaschinken ohne Fettrand	10	20	84	
Gewürzgurke	30	3	13	
Bratensaft	30	2	10	
Blattspinat	150	23	95	
½ TL Butter	3	23	97	
Zwiebelwürfel	20	6	27	
Edamer (30 %), gerieben	20	56	233	

	g	kcal	kJ	BE
Kartoffel ohne Schale	160	133	558	2

Außerdem: Zitronensaft, Salz, Pfeffer, Salbeiblatt, Muskat, Fleischbrühe

ZWISCHENMAHLZEIT:

Orange mit Schale	180	64	265	1

ABENDESSEN:

Rohkostschnittchen

Vollkornbrot	60	137	574	2
Diätmargarine oder Butter	5	39	162	
Radieschen	30	1	3	
Salatgurke	30	3	13	
Tomaten	50	10	39	
Zwiebelringe	20	6	27	
Hüttenkäse	20	17	71	
Apfel	100	48	202	1

Außerdem: Schnittlauch

kcal	kJ	E g	F g	KH g	CH mg	HS mg	Ca mg	Mg mg	Fe mg	Vit. B_1 mg	Vit. C mg	BE
1159	4848	62,3	38,4	123,8	141,0	548	801	364	14,65	1,21	253,1	9,5

TSATSIKI: Salatgurke schälen, raspeln und mit Schalottenwürfeln, etwas Knoblauch, Schnittlauch, Salz, Pfeffer und dem Joghurt vermischen. Abschmecken und gut gekühlt servieren.

ROHKOSTVARIATONEN: Rettich und Möhren raspeln, Staudensellerie in feine Streifen schneiden. Die Salate einzeln mit Joghurt, Zitronensaft, Öl, Salz und Pfeffer anmachen. Hübsch anrichten und mit gehackten Walnüssen bestreuen.

GEFÜLLTE KALBSROULADE: Kalbsschnitzel mit Schinken, Gurke und Salbeiblatt belegen. Zusammenrollen und in einer Grillpfanne anbraten. Etwas Bratensaft angießen und fertiggaren.

SPINATLAIBCHEN: Blattspinat kurz kochen und abgießen. Mit Butter und Zwiebeln anschwitzen und mit Muskat, Pfeffer und Salz abschmecken. Mit einem Suppenlöffel runde Laibchen abstechen und mit dem Käse im Ofen überbacken.

FONDANTKARTOFFELN: Die geschälten Kartoffeln halbieren und in eine feuerfeste Form geben. Mit etwas Brühe und Bratensaft übergießen und im Ofen garen.

ROHKOSTSCHNITTCHEN: Vollkornbrot buttern und in sechs Teile schneiden. Im Wechsel mit Gurken-, Tomaten- und Radieschenscheiben belegen und mit Zwiebelringen, Schnittlauch und Hüttenkäse garnieren. Zum Nachtisch den Apfel servieren.

VII.	*g*	*kcal*	*kJ*	*BE*
FRÜHSTÜCK:				
Kaffee oder Tee				
Frischmilch (3,5 %)	10	7	28	
Vollkornbrötchen	50	114	478	2
Butter oder Reformmargarine	10	77	323	
Waldhonig (nicht für Diabetiker)	10	31	132	
Diabetikermarmelade	25	26	108	0,5
ZWISCHENMAHLZEIT:				
Tomatenkefir				
Tomaten	100	19	78	
Knoblauch	2	3	10	
Kefir	120	83	348	0,5
Außerdem: Petersilie, Meersalz, Pfeffer				
MITTAGESSEN:				
Seemannsspießchen auf Naturreis, Blattsalat · Rote Grütze mit Sauerrahm				
Paprikaschote	40	6	27	
Zwiebel	40	13	53	
Salatgurke	40	4	17	
Kabeljau- oder Rotbarschfilet	80	69	288	
Champignons	40	7	29	
Gemüsebrühe	50	4	17	
Kondensmilch (4 %)	20	23	95	
Naturreis	30	107	446	2
Kopfsalat	20	3	11	
Radicchio	20	3	11	
Zitronensaft	10	5	19	
1 TL Sonnenblumenöl	5	46	194	
1 Blatt Gelatine	2	7	28	
Johannisbeersaft naturrein, ohne Zucker	40	18	76	0,5

	g	kcal	kJ	BE
rote Johannisbeeren (TK-Ware)	75	34	142	0,5
Sauerkirschen (TK-Ware)	60	36	152	0,5
Sauerrahm	20	24	102	

Außerdem: Dill, Salz, Pfeffer, Zitronensaft, Nestargel, frische Kräuter, Süßstoff, Minze

ZWISCHENMAHLZEIT:

Orange mit Schale	180	64	265	1

ABENDESSEN:

Bratenbrot mit Champignonsalat

Vollkornbrot	60	137	574	2
Diätmargarine oder Butter	5	39	162	
kalter Braten, dünn geschnitten	20	27	113	
frische Champignons	150	26	110	
Radieschen	40	5	22	
Essiggurke	40	4	17	
Zwiebelwürfel	20	6	27	
1 TL Maiskeimöl	5	46	194	
2 EL Rotweinessig	20	3	13	
2 EL Gemüsebrühe	20	2	7	

Außerdem: Bärlauch, Schnittlauch, Salz, Pfeffer

kcal	kJ	E	F	KH	CH	HS	Ca	Mg	Fe	Vit. B_1	Vit. C	BE
		g	g	g	mg	mg	mg	mg	mg	mg	mg	
1128	4716	49,6	36,1	137,3	142,3	543	507	301	10,76	1,04	308,6	9,5

TOMATENKEFIR: Tomaten und Knoblauch in feine Würfel schneiden, unter den Kefir mischen und mit gehackter Petersilie, Salz und Pfeffer abschmecken.

SEEMANNSSPIESSCHEN: Paprika, Zwiebel und Salatgurke in gleich große Stücke schneiden und in wenig Wasser mit Dill und Salz halbgar dünsten. Das Fischfilet in Würfel schneiden

und mit den Champignons abwechselnd auf einen Holzspieß stecken. Mit Salz, Pfeffer und Zitrone würzen und in der Gemüsebrühe garen. Das Spießchen warm stellen. Die Brühe mit Nestargel abbinden und mit gehackten Kräutern und Kondensmilch verfeinern.
Den Reis nach Packungsaufschrift garen. Die Salate waschen und kleinzupfen. 1 EL Zitronensaft, Salz, Pfeffer, Öl und gehackte Kräuter verrühren und mit dem Salat vermischen.

ROTE GRÜTZE MIT SAUERRAHM: Die Gelatine in kaltem Wasser einweichen, ausdrücken, in ein kleines Gefäß geben und im kochenden Wasserbad auflösen. Den Johannisbeersaft und die aufgetauten, grob gemixten Beeren und Kirschen zugeben. Mit Süßstoff abschmecken und kalt stellen. Nach dem Gelieren mit Sauerrahm und Minze verzieren.

CHAMPIGNONSALAT: Champignons in Scheiben schneiden. Radieschen und Gurkenscheiben zugeben und mit Zwiebelwürfeln, Bärlauch, Schnittlauch, Salz, Pfeffer, Essig, Öl und kalter Gemüsebrühe vermischen. 30 Minuten durchziehen lassen und servieren.

VIII.	*g*	*kcal*	*kJ*	*BE*
FRÜHSTÜCK:				
Kaffee oder Tee				
Frischmilch (3,5 %)	10	7	28	
Müsli aus gekochter Hirse				
Hirse	40	144	602	2
Weizenkeime	20	74	309	0,5
Kokosnußraspel	10	37	154	
Naturjoghurt	70	36	148	
Papaya	100	24	99	
Kiwi	120	68	288	1
Außerdem: Zimt, Süßstoff				
ZWISCHENMAHLZEIT:				
frische Ananas ohne Schale	90	50	212	1
MITTAGESSEN:				
Fasanenbrüstchen in Morchelsauce, Kartoffelgratin, Möhrengemüse				
1 Fasanenbrust	80	95	398	
1 TL Sonnenblumenöl	5	46	194	
Schalotten	20	15	64	
frische Morcheln	50	14	57	
Bratensaft ohne Fett	50	4	17	
Sauerrahm	20	24	102	
Kartoffel	80	66	279	1
Frischmilch (3,5 %)	40	26	111	
Emmentaler (45 %), gerieben	10	42	174	
Möhren	150	35	144	
Außerdem: Salz, Pfeffer, Knoblauch, Kerbel, Dill, Petersilie				
ZWISCHENMAHLZEIT:				
Tomaten	200	38	156	

	g	*kcal*	*kJ*	*BE*
ABENDESSEN:				
Vollkornflädle mit Mango-Apfelkompott und Rosinen				
Dinkel, feingemahlen	20	65	273	1
Frischmilch (3,5 %)	50	33	139	
Mineralwasser	50			
1 Hühnerei	50	84	352	
1 TL Sonnenblumenöl	5	46	194	
Apfel	50	24	101	0,5
Mango	100	71	297	1
Rosinen	20	57	239	1
Sauerrahm	20	24	102	

Außerdem: Zimt, abgeriebene Zitronenschale, Süßstoff, Zitronensaft

kcal	kJ	E	F	KH	CH	HS	Ca	Mg	Fe	Vit. B_1	Vit. C	BE
		g	g	g	mg	mg	mg	mg	mg	mg	mg	
1249	5233	58,3	38,3	150.6	419,3	428	656	393	14,19	1,41	315,9	9

MÜSLI AUS GEKOCHTER HIRSE: Hirse in Wasser langsam gar kochen, kalt abschrecken. Mit Weizenkeimen, Kokosnuß und Joghurt mischen und mit Zimt und Süßstoff abschmecken. Papaya und Kiwi in Würfel schneiden und kurz vor dem Servieren untermischen.

FASANENBRÜSTCHEN IN MORCHELSAUCE: Die Fasanenbrust ohne Knochen mit Salz und Pfeffer würzen und in Öl langsam gar braten. Warm stellen. Die Schalottenwürfel im Bratfett anschwitzen und die halbierten Morcheln zugeben. (Statt der frischen können Sie auch 10 g getrocknete Morcheln verwenden. Getrocknete Morcheln über Nacht einweichen und mehrmals waschen, da sie sehr sandig sind.) Mit dem Bratensaft ablöschen und langsam gar köcheln. Bei Bedarf wenig Wasser oder Bratensaft zugeben. Mit Sauerrahm verfeinern, abschmecken und über die Fasanenbrust geben.

BEILAGEN: Kartoffel schälen, in feine Scheiben schneiden und fächerartig in eine kleine feuerfeste Form schichten. Mit Salz, Pfeffer und Knoblauch würzen und mit der Milch übergießen. Im Ofen bei 200°C backen. Kurz vor Ende der Garzeit den Käse zugeben und überbacken. Die Möhren kleinschneiden und in wenig Salzwasser garen. Mit Kerbel, Dill und Petersilie bestreuen.

VOLLKORNFLÄDLE MIT MANGO-APFELKOMPOTT: Dinkel mit Milch, Mineralwasser und Ei glattrühren. Mit Zimt, abgeriebene Zitronenschale und Süßstoff würzen und 2 Stunden ruhen lassen. In einer beschichteten Pfanne mit wenig Öl kleine Flädle ausbacken. Apfel- und Mangowürfel mit Rosinen, Zitronensaft, Zimt und etwas Wasser aufkochen. Abschmecken und abkühlen lassen. Lauwarm in die Flädle füllen und mit Sauerrahm servieren.

IX.	*g*	*kcal*	*kJ*	*BE*
FRÜHSTÜCK:				
Kaffee oder Tee				
Frischmilch (3,5 %)	10	7	28	
Vollkornbrot	60	137	574	2
pikanter Quark	30	23	96	
vegetarischer Brotaufstrich	25	61	254	
Tomaten	200	38	156	
ZWISCHENMAHLZEIT:				
2 Kiwis	120	68	288	1
MITTAGESSEN:				
Eissalat mit rosa Grapefruit · Lachsscheiben auf Blattspinat · Kräutersauce, Dinkelnudeln				
Joghurt	40	20	85	
1 TL Nußöl	5	46	194	
Eissalat	50	7	27	
Grapefruitfilets	60	25	103	0,5
Mandeln, geröstet	5	10	43	
Schalottenwürfel	20	15	64	
$\frac{1}{2}$ TL Sonnenblumenöl	2	19	78	
Blattspinat	150	23	95	
Lachsfilet, dünn geschnitten	80	177	739	
1 TL Butter	5	39	162	
Gemüsebrühe	50	4	17	
Dinkelnudeln	40	137	573	2

Außerdem: Zitronensaft, Salz, Pfeffer, Muskat, Nestargel, Kerbel, Sauerampfer

ZWISCHENMAHLZEIT:				
Brombeeren	140	76	316	1

	g	kcal	kJ	BE
ABENDESSEN:				
Eiersalat »Frühlings Art«				
Salatgurke	50	5	22	
Rettich	50	5	20	
Tomaten	100	19	78	
1 Hühnerei, hartgekocht	50	84	352	
1 EL Essig	10	2	7	
1 TL Sonnenblumenöl	5	46	194	
Gemüsebrühe	30	2	10	
Lachsschinken ohne Fett	20	43	180	
Vollkornbrot	60	137	574	2

Außerdem: Salz, Pfeffer, Schnittlauch, Dill

kcal	kJ	E	F	KH	CH	HS	Ca	Mg	Fe	Vit. B_1	Vit. C	BE
		g	g	g	mg	mg	mg	mg	mg	mg	mg	
1273	5322	62,6	48,5	125,9	375,7	562	608	456	17,22	1,40	313,9	8,5

EISSALAT MIT ROSA GRAPEFRUIT: Joghurt mit Zitronensaft, Salz, Pfeffer und Nußöl glattrühren und den Eissalat damit anmachen. Auf einem Teller anrichten und mit rosa Grapefruitfilets und Mandeln bestreuen.

LACHSSCHEIBEN AUF BLATTSPINAT: Schalottenwürfel in Öl anschwitzen. Den Spinat blanchieren, zu den Schalotten geben und mit Muskat, Salz und Pfeffer abschmecken. Den fertiggegarten Spinat auf einem großen Teller anrichten und warm stellen. Die Lachsscheibe in einer beschichteten Pfanne von beiden Seiten ganz kurz in Butter anbraten und auf dem Spinat anrichten. Den Bratensatz mit Gemüsebrühe ablöschen und mit Nestargel abbinden. Mit gehacktem Kerbel und Sauerampfer, Muskat, Salz und Pfeffer abschmecken. Die Nudeln in Salzwasser garen und mit Sauce und Fisch servieren.

EIERSALAT »FRÜHLINGS ART«: Salatgurke, Rettich und Tomaten in dünne Scheiben schneiden und fächerartig auf einem

Glasteller anrichten. Das hartgekochte Ei in Würfel schneiden und über den Salat verteilen. Aus Essig, Öl, Gemüsebrühe, Salz, Pfeffer und Schnittlauch einen Dressing rühren und über den Salat träufeln. Mit Würfeln vom Lachsschinken bestreuen und mit Dill garnieren.

X.	g	kcal	kJ	BE
FRÜHSTÜCK:				
Kaffee oder Tee				
Frischmilch (3,5 %)	10	7	28	
Vollkorntoast	50	114	478	2
Butter oder Reformmargarine	5	39	162	
Räucherlachs	30	95	395	
Salatgurke	50	5	22	
frischer Meerrettich	5	3	13	
ZWISCHENMAHLZEIT:				
Aprikosen	130	64	269	1
MITTAGESSEN:				
Frischer Stangenspargel mit gebratener Hähnchenbrust, neuen Petersilienkartoffeln · Frische Erdbeeren				
Hähnchenbrust ohne Haut	70	83	349	
Butter	20	154	646	
Stangenspargel	400	52	220	
neue Kartoffeln	160	133	558	2
Erdbeeren	190	61	258	1
Außerdem: Salz, Pfeffer, Petersilie				
ZWISCHENMAHLZEIT:				
Pfirsiche	150	65	267	1
ABENDESSEN:				
Rindfleischsalat »Gärtnerin Art«				
Rindfleisch, gekocht	50	77	322	
grüne Bohnen, gekocht	40	11	46	
Blumenkohl, gekocht	50	7	28	
Tomaten	100	19	78	
Champignons	50	9	37	

	g	kcal	kJ	BE
Zwiebelwürfel	30	10	40	
2 EL Rotweinessig	20	3	13	
3 EL Gemüsebrühe	30	2	10	
1 EL Sonnenblumenöl	10	93	388	
Vollkornbrötchen	50	114	478	2

Außerdem: Salz, Pfeffer, Kerbel, Petersilie, Sauerampfer, Schnittlauch

kcal	kJ	E	F	KH	CH	HS	Ca	Mg	Fe	Vit. B_1	Vit. C	BE
		g	g	g	mg	mg	mg	mg	mg	mg	mg	
1220	5105	64,3	44,7	121,0	146,9	612	349	337	15,34	1,34	326,0	9

FRISCHER STANGENSPARGEL MIT HÄHNCHENBRUST: Die Hähnchenbrust salzen und pfeffern und in Butter langsam gar braten. Den Spargel putzen und nicht zu weich garen. Die Kartoffeln in der Schale kochen, schälen und mit gehackter Petersilie bestreuen. Mit der Bratbutter der Hähnchenbrust beträufeln.

RINDFLEISCHSALAT »GÄRTNERIN ART«: Rindfleisch und Bohnen in Würfel schneiden, den Blumenkohl in kleine Röschen zerteilen. Tomaten und Champignons in Würfel schneiden und zugeben. Aus Zwiebeln, Kräutern, Essig, Öl, Gemüsebrühe, Salz und Pfeffer einen Dressing rühren und den Salat damit anmachen. 1 Stunde durchziehen lassen und hübsch garniert servieren.

Warenkunde

Angostura: Bitterer Extrakt, hergestellt aus der Rinde des gleichnamigen Baumes, aus Enzianwurzel, Pomeranzenschale und mehreren Gewürzen. Sparsam verwenden zum Würzen von Suppen, Salaten, Saucen und Cocktails.

Biobin: Pflanzliches Bindemittel, hergestellt aus Johannisbrotkernen. BE-frei. Erhältlich in Reformhäusern.

Diätmargarine: Reine Pflanzenmargarine, reich an mehrfach ungesättigten Fettsäuren.

Dinkel: Weizenart mit feinem, nußartigen Geschmack. Halbreif geernteter Dinkel wird Grünkern genannt.

Kefir: Leicht prickelnde Sauermilch mit sehr geringem Alkoholgehalt. Hergestellt aus Kuhmilch durch Vergären mit bestimmten Bakterienkulturen.

Nestargel: Pflanzliches Bindemittel, hergestellt aus Johannisbrotkernen. BE-frei. Erhältlich in Apotheken.

Reformmargarine: Hochwertige Margarine aus dem Reformhaus.

Süßstoff: Künstlich gewonnenes Erzeugnis, das eine höhere Süßkraft als Zucker hat und keine Energiewerte enthält. Als Tablette, Pulver oder in flüssiger Form im Handel. Vorsichtig zu dosieren.

Tofu: Aus getrockneten und pürierten Sojabohnen gewonnene quarkähnliche Masse. Reich an hochwertigem pflanzlichem Eiweiß, kohlenhydratarm und leicht verdaulich.

Vegetarischer Brotaufstrich: Erhältlich in Reformhäusern.

Vegetarische Streuwürze: Hergestellt aus Gemüse, pflanzlichen Fetten, Hefe und Gewürzen. Erhältlich in Reformhäusern und Naturkostläden.

Sachgruppenregister

Salatsaucen

Salate und Rohkost

Fastensuppen

Alphabetisches Rezeptregister